AF462723

HISTOIRE

D'UNE AME

27
n
1458

NOTE DE L'AUTEUR

Humblement soumis de cœur à la sainte Église, ma mère, je déclare n'avoir voulu, dans ce petit livre, rien écrire, ni me servir d'aucune expression qui soit contraire aux décisions, aux jugements et aux règles qu'Elle impose.

Imprimatur,

A. JOINIOT,
Vicaire général.

Meaux, le 10 décembre 1892.

HISTOIRE
D'UNE AME

AMÉLIE NITOT

DE

BOISSY-LE-CHATEL

(Seine-et-Marne)

PAR

L'ABBÉ AMAND CACHEUX

CURÉ DE LA PAROISSE

COULOMMIERS

IMPRIMERIE PAUL BRODARD

1893

Tous droits réservés

AMÉLIE-LÉONIE NITOT

Née à Vilbert (Seine-et-Marne), le 9 mars 1866

Entrée dans le repos du Seigneur

le 29 janvier 1892

AVANT-PROPOS

Consummatus in brevi, explevit tempora multa.

En peu d'années, elle a rempli la carrière d'une longue vie.

A paroisse de Boissy-le-Châtel, du diocèse de Meaux, a eu le bonheur de compter au nombre de ses habitants, pendant une vingtaine d'années, une jeune fille d'une piété si accomplie qu'elle peut être présentée comme un modèle de fermeté dans la foi, de douceur dans les rapports avec le prochain et de charité pour les pauvres.

Elle était sur le point d'atteindre sa vingt-sixième année, et ce temps si court, elle l'a employé de la façon la plus simple dans les occupations de l'étude, dans les relations de la famille, dans la pratique des devoirs humainement insignifiants d'une vie tout ordinaire. Mais Dieu ne mesure pas la vie au nombre des années ni à ce que nous appelons la grandeur des événements. La foi reconnaît d'autres grandeurs, ce qu'elle considère avant tout, c'est la correspondance de l'âme aux desseins du Très-Haut, sa fidélité aux inspirations divines.

. . . .

A ce point de vue la vie d'Amélie Nitot est riche en enseignements, car l'action de Dieu sur elle et sa coopération personnelle s'y manifestent en traits indélébiles. Aussi eût-il été vraiment dommage de laisser dans l'ombre les faveurs divines dont cette enfant bénie a été comblée, de ne point faire connaître aux membres de sa famille qu'elle aimait tant, au public qu'elle a toujours édifié, sa constante vigilance sur elle-même, sa vertu persévérante, sa fidélité à ses pieuses résolutions, et était-il important de montrer à nos populations comment savent mourir les véritables chrétiens.

En rendant hommage à cette belle âme, heureux serions-nous dans notre tristesse si profonde de pouvoir apporter un peu de consolation ou plutôt de résignation à ses parents chéris que sa mort a si cruellement éprouvés, heureux serions-nous de pouvoir encourager au bien, à la vertu ceux qu'elle a aimés ici-bas et qu'elle espère retrouver au séjour des élus, au Ciel.

PREMIÈRE PARTIE

CHAPITRE PREMIER

NAISSANCE D'AMÉLIE, SA PREMIÈRE ÉDUCATION SON HEUREUX NATUREL

MÉLIE-LÉONIE NITOT naquit à Vilbert, village situé à une lieue de Rozoy-en-Brie, le 9 mars 1866, dans le mois consacré à honorer saint Joseph, l'époux de la Vierge mère. Son entrée dans la vie en ce mois cher aux âmes pieuses fut un présage que ce grand saint la prendrait sous sa protection d'une façon spéciale, aussi se fit-elle toujours remarquer par sa dévotion envers lui.

Son père, Alexandre Nitot, exerçait avec mérite les honorables fonctions d'instituteur dans cette localité. Sa mère, Julienne Bégis, appartenait à une famille de cultivateurs aussi estimée qu'aimée dans le pays.

Dès ses plus jeunes années, Amélie fut confiée aux sœurs de la Croix-de-Saint-André qui, découvrant dans leur petite élève des dons si heureux, en firent leur Benjamin. Aussi, dans le cours d'une maladie très grave que fit M. Nitot, elles la reçurent avec joie dans leur intimité, et, à son tour, obéissant aux inclinations de son cœur si aimant, elle ressentit une vive affection pour ses maîtresses malgré son jeune âge; elle cherchait toujours soit à l'asile, soit à la promenade à se rapprocher d'elles le plus possible.

Sur ces entrefaites éclata la funeste guerre de 1870. Mme Nitot quitta alors Vilbert avec ses deux enfants, Marie et Amélie, pour se soustraire aux dangers de l'invasion allemande et se retira à Mortagne, en Normandie, chez de riches propriétaires de la ville.

C'est à cette époque que commença à se révéler sa grande affection pour sa mère et le besoin incessant qu'elle avait de sa compagnie. Pendant que sa sœur aînée s'en allait de temps en temps se promener avec les maîtres de la maison, Amélie ne voulait y aller qu'à une condition, c'est que sa mère serait de la partie; et dans le cas contraire, elle aimait mieux sacrifier la promenade et rester auprès d'elle. D'ailleurs toute sa vie il en sera de même. Elle avait une manière à elle de l'embrasser et de lui dire *Man Ienne* qui lui suffisait mieux que tout, qui la rassurait sur tout. Avec sa mère, elle n'avait rien à craindre, rien même à désirer, elle avait tout.

L'armistice étant conclu au mois de février, Mme Nitot revint avec ses deux enfants auprès de son mari qui, peu de temps après, en 1871, fut nommé instituteur de l'important village de Boissy-le-Châtel. Amélie fut alors confiée aux soins successifs de Mlles Pillet et Girard, qui ont laissé parmi nous d'impérissables souvenirs.

La première éducation, qui est souvent difficile à faire, fut à l'égard d'Amélie facile et très attachante, tant elle montrait d'heureuses dispositions pour la vertu. Son intelligence, sous l'habile direction de ses maîtresses, s'éveillait de jour en jour, et, ce qui est encore plus beau, son cœur, extrêmement bien doué, dirigé par les conseils de sa mère, laissait paraître des trésors de bonté et de charité.

Un fait entre bien d'autres révélera sa tendresse exquise pour les malheureux. Un jour, allant à l'école, emportant dans son panier sa petite provision, elle aperçoit sur son passage un pauvre mendiant. A la vue de ce malheureux son cœur s'émeut; elle ouvre son panier, bien vite elle en retire une tartine de confiture et la lui donne avec la plus grande joie! A voir les deux acteurs de la scène, on n'aurait pas su dire lequel était le plus heureux, ou la jeune enfant se privant pour soulager un malheureux, ou cet infortuné recevant une friandise à laquelle il n'était pas accoutumé. Ne pouvant pas les soulager encore par sa bourse, elle leur donnait son dessert.

En révélant ce trait si précoce de la charité d'Amélie, nous ne le faisons ni par vanité ni pour offenser sa modestie chrétienne, mais seulement pour louer le Seigneur et pour montrer comment avec peu de chose on peut beaucoup pour autrui, quand on a bonne volonté, un cœur généreux, un vif et sincère amour de Dieu.

Sa sympathie pour les déshérités des biens de la terre croîtra de plus en plus, à mesure qu'elle avancera en âge.

Ce qu'il y avait encore de charmant en elle, c'était sa grande franchise, ennemie de tout mensonge. Déjà, dès son plus bas âge, elle appréciait ce que le mensonge a de dégradant pour une âme élevée, et tout naturellement ses paroles et ses actes étaient toujours en rapport avec sa pensée et son jugement. Elle était de ces âmes que Notre-Seigneur, lorsqu'il était sur terre,

2.

se plaisait à bénir à cause de leur droiture et leur sincérité. Aussi quelles espérances qui seront confirmées plus tard ses parents n'avaient-ils pas le droit d'établir sur une enfance aussi bien commencée! Et dès ce moment, qu'elle était grande la joie de sa mère de la voir si recueillie dans la prière, si obéissante envers son père, si bonne, si affectueuse pour sa sœur aînée qu'elle excusait toujours dans ses petits manquements et si prévenante pour ses maîtresses de classe!

Une lettre de sa deuxième institutrice du village de Boissy nous la fera connaître déjà d'une manière sûre dès ses premières années.

« Monsieur le curé,

« J'ai le regret de ne pouvoir vous donner qu'un renseignement d'ensemble au sujet de la chère enfant dont vous voulez écrire la vie. Malheureusement il ne m'est resté dans le souvenir aucun détail assez intéressant pour être spécifié. Cependant je puis vous dire, Monsieur le curé, qu'en arrivant à Boissy en 1875, j'ai trouvé à la tête d'une classe fort nombreuse une certaine catégorie d'enfants qui, ayant admirablement répondu aux soins si chrétiens, si intelligents et si dévoués de Mademoiselle Pillet, ma prédécesseur, ont pu donner à mon cœur d'institutrice les joies les plus douces. Hélas! je le sais, plusieurs ont quitté le chemin étroit qui conduit à la vie pour s'engager dans la voie large et facile qui éloigne du ciel sans même donner le bonheur de la terre. Pauvres enfants! puissent les mérites et les prières de celle qui leur laisse l'exemple d'une vie admirable et d'une mort sublime les ramener à la vie chrétienne.

« Parmi les chères élèves dont je viens d'évoquer le souvenir, il en était une, Monsieur le curé, qui se faisait remarquer par ses excellentes dispositions pour l'étude. C'était Amélie qui, de deux ou trois ans plus jeune que les autres, suivait cependant le même cours. Son caractère était charmant, sa physionomie aimable et enjouée, toute sa petite personne respirait je ne sais quoi qui caractérise l'innocence de l'enfance et la fait aimer. Déjà elle savait se vaincre et prendre sur elle. Je me souviens que, se préparant à sa première communion, elle avait la pieuse habitude de tenir par écrit, le compte de ses petites victoires. A des grâces réelles elle joignait une certaine espièglerie qui, avec sa qualité de Benjamin de la division, lui faisait prendre des libertés charmantes dont usaient volontiers ses compagnes. Celles-ci avaient-elles une faveur quelconque à demander, c'était Amélie toujours qui était députée auprès de la maîtresse, car Mademoiselle, pensait-on, ne saurait résister au charme de la petite avocate.

« Dirai-je de plus, et pour me résumer, Monsieur le curé, qu'Amélie Nitot est restée dans mon souvenir comme le type de l'enfant pure, candide, vertueuse, douée d'une belle intelligence, d'une foi solide et d'une piété aimable ?

« Malheureusement, Monsieur le curé, je le

répète, mon souvenir est infidèle. Quant aux détails, je le regrette d'autant plus que je me réjouis sincèrement de la pieuse idée que vous avez de donner aux âmes dans la vie de cette enfant prédestinée un sujet d'édification.

« Veuillez agréer, Monsieur le curé, l'expression de mes sentiments les plus respectueux.

« I. G. »

Chère petite sainte, du haut du ciel, soyez bénie pour tous les doux sentiments que vous avez fait éprouver autour de vous par votre bonté et sincérité, soyez bénie pour tous les bons exemples que vous avez laissés à ceux qui ont eu le bonheur de vivre auprès de vous et en votre compagnie.

CHAPITRE II

SON ASSISTANCE AU CATÉCHISME. — SA CONFIRMATION ET SA PREMIÈRE COMMUNION

MÉLIE NITOT allait bientôt avoir sept ans. D'après le règlement diocésain, elle devait suivre le petit catéchisme.

En ce temps, la paroisse de Boissy-le-Châtel avait pour curé un vénérable prêtre, M. l'abbé Coulombier, de pieuse mémoire, qui a laissé dans le cœur de ses paroissiens mille regrets et les plus beaux exemples. Elle fut donc dirigée dans la voie du Seigneur par un saint prêtre et se mit, autant que le comportait son jeune âge, à l'étude de la religion. Aussi avec quel empressement elle se rendait à l'église, cherchant déjà, comme elle le fera plus tard, à édifier ses petites compagnes par sa régularité et sa piété. Attentive aux explications de son pasteur, elle cherchait à graver dans sa mémoire, ou plutôt dans son cœur, les vérités religieuses qui lui faisaient connaître le Dieu qu'elle a tant aimé et si bien servi. Il ne faut donc pas s'étonner si M. l'abbé Coulombier, remarquant la piété, la science de sa petite élève, ait eu pour elle une prédilection toute paternelle.

Les belles âmes s'attirent, a dit un saint, et c'est vrai. Les âmes que Dieu a touchées se reconnaissent d'un bout du monde à l'autre; elles s'appellent. Le même esprit répandu sur elles fait qu'elles ne sont réellement qu'une seule âme, l'âme de l'humanité déifiée par le Christ. Dans le cœur de M. l'abbé Coulombier, il y avait un très grand amour pour Dieu; dans le cœur de sa petite élève régnait le même amour divin, l'amour du Dieu de l'Eucharistie. Déjà depuis longtemps, la chère enfant prenait sur elle de se mortifier et de faire de bonnes actions pour se préparer au grand jour de sa première communion. Nous faisons appel pour cela à son petit cahier de classe.

Lundi : J'ai offert mon travail au bon Dieu, je me suis mortifiée plusieurs fois, je me suis privée de quelque chose, j'ai fait un acte de charité.

Mardi : J'ai offert mon travail au bon Dieu, j'ai fait deux actes d'obéissance, j'ai dit une prière en passant devant l'église.

Mercredi : J'ai offert mon travail au bon Dieu, j'ai fait un acte d'obéissance, j'ai dit une prière en passant devant l'église.

Jeudi : J'ai offert mon travail au bon Dieu, j'ai fait un acte de charité, je me suis privée de quelque chose.

Vendredi : J'ai offert mon travail au bon Dieu, je me suis mortifiée, j'ai fait un acte d'obéissance, je me suis levée quand j'avais encore envie de dormir, j'ai dit une prière en passant devant l'église.

Samedi : J'ai offert mon travail au bon Dieu, j'ai fait un acte d'obéissance, je me suis mortifiée.

Réflexions de sa maîtresse écrites sur son cahier de bonnes actions :

« Chaque semaine qui s'écoule te rapproche du grand jour; chaque semaine qui s'écoule doit donc te laisser plus pieuse et plus sage. Oh! ma petite Amélie, qu'elle est heureuse au jour de sa première communion la petite fille qui, comprenant la grandeur de l'action qu'elle doit faire, s'y est préparée avec soin! Ce jour-là Jésus ne sait rien lui refuser. Pense donc déjà aux grandes grâces que tu devras lui demander.

« Redouble d'ardeur, sois pieuse et sage chaque jour davantage. »

« Nous approchons de la belle fête de Pâques. Veux-tu apporter le Vendredi-Saint quelque peu de baume aux souffrances du bon Jésus? Eh bien! fais une bonne petite provision de bonnes actions. Et ce jour-là, va lui lire auprès de son tombeau et dis-lui : C'est pour vous, bon Jésus, que j'ai fait toutes ces choses, c'est pour vous montrer que je vous aime bien, et que je veux vous recevoir, au jour de ma première communion, dans un cœur bien préparé. »

Lundi : J'ai offert mon travail au bon Dieu.

Mardi : J'ai offert mon travail au bon Dieu, j'ai dit une prière en passant devant l'église.

Mercredi : J'ai offert mon travail au bon Dieu, j'ai fait un acte d'obéissance, j'ai dit une prière devant l'église.

Jeudi : J'ai offert mon travail au bon Dieu, j'ai fait un acte d'obéissance, j'ai fait un acte de charité, j'ai dit une prière devant l'église.

Vendredi : J'ai offert mon travail au bon Dieu, je me suis privée de quelque chose j'ai dit, une prière en passant devant l'église, je me suis mortifiée.

Samedi : J'ai offert mon travail au bon Dieu, j'ai fait ma page sans causer.

Réflexions de sa maîtresse :

« Encore un petit cahier de fini. Puisses-tu, quand Jésus te demandera tes comptes, lui en présenter beaucoup et de bien remplis! Allons, ma petite Amélie, que la pensée que Jésus recueille tout pour tout récompenser t'encourage à faire mieux chaque jour, et qu'à jamais tu te réjouisses dans celle de lui plaire! »

Par ces quelques notes trouvées dans son cahier de classe nous voyons les efforts sérieux qu'elle faisait déjà pour avancer dans le chemin de la vertu et se rendre digne de manger le pain des Anges après lequel son jeune cœur soupirait depuis longtemps. Aussi les années ne s'écoulaient pas assez vite, tant elle avait un immense désir de recevoir Celui qui serait un jour sa récompense dans le ciel.

Enfin se leva pour Amélie cette aurore bénie, tant désirée, qui devait être pour elle le plus beau jour de sa vie. La veille, se jetant au cou de ses parents, elle leur demanda pardon des peines qu'elle leur avait faites, si peines il y avait eu. Elle fit de même à l'égard de ses bonnes maîtresses. Elle n'avait presque pas dormi, et son cœur chantait ce chant si connu :

Mon doux Jésus ne paraît pas encore :
Trop longue nuit, dureras-tu toujours?
Tardive aurore, hâte ton cours,
Rends-moi Jésus, ma joie et mes amours,
Mon doux Jésus que seul j'aime et j'implore.

Au milieu des préparatifs de la toilette qui fut toute simple, une robe de mousseline blanche, ceinture et gants blancs, voile placé à la vierge avec un chapelet de même couleur, elle garda son recueillement. Sa démarche posée, son maintien modeste, ses regards baissés, tout annonçait la candeur de son âme.

Pendant la célébration du Saint Sacrifice, un

profond recueillement saisissant toute sa personne prouvait que son cœur tout abîmé dans le sentiment de la félicité et de la reconnaissance, savourait les saintes délices qu'on lui avait promises. La ferveur que la grâce excitait dans son âme prêtait à sa figure une expression angélique. Au moment de la communion on eût dit un esprit céleste, tant était vive l'ardeur de sa prière. Bien que sa mère fût près d'elle, elle paraissait l'avoir oubliée, pour ne s'occuper que de son Dieu, et dans ce précieux moment un ardent amour semblait la transporter dans le sein de la Divinité et son âme ne faisait que répéter ces paroles du cantique :

Divin Jésus, tu descends dans mon âme.
C'est aujourd'hui le plus beau de mes jours;
Que tout en moi se ranime et s'enflamme!
Divin Jésus, je t'aimerai toujours.

Il est à moi, ce Dieu si plein de charmes,
Mon bien-aimé, mon aimable Sauveur;
Échappez-vous de mes yeux, douces larmes,
Coulez, coulez, annoncez mon bonheur.

Lorsque la cérémonie fut terminée, elle se retira avec le même recueillement, et alors elle se jeta au cou de ses heureux parents, heureuse qu'elle était de leur faire sentir l'allégresse qui débordait de son âme.

Après la réunion de famille où notre cher ange eut soin de garder tout son recueillement, elle alla avec ses compagnes à l'église pour l'exercice du soir qui ne fut pas moins édifiant que celui du matin. Avec quel empressement vint-elle aux fonts de baptême pour se donner à Dieu pour toujours, et qu'elle fut grande sa joie de pouvoir prendre, en face de la paroisse tout entière, la Sainte Vierge pour mère! A partir de ce jour, Amélie fit de la Sainte Vierge la dépositaire de ses bonnes résolutions et eut pour elle un amour de prédilection.

Avec des dispositions si saintes et une âme si préparée, Amélie avait reçu peu de temps auparavant le sacrement de Confirmation des mains de Mgr Allou, évêque de Meaux, de douce mémoire.

Très peu communicative par caractère et ne confiant presque jamais, excepté à sa mère, ses pensées les plus intimes, elle a dû, selon ses habitudes, apporter une grande réserve sur les faveurs et les grâces qu'elle reçut du ciel en ces jours bénis.

CHAPITRE III

ENTRÉE EN PENSION. — SON AMOUR POUR L'ÉTUDE
SON OBÉISSANCE ENVERS SES MAITRESSES
SA CONSÉCRATION A DIEU.

MÉLIE allait avoir treize ans. Le moment était donc arrivé de la placer dans la pension où sa sœur Marie, depuis un an, l'avait précédée. M. Nitot, désireux de faire donner à ses chères enfants une instruction solide pour les mettre à l'abri des surprises de l'avenir, avait choisi la maison de Mlle Fleury, de Fontainebleau.

Ce fut avec joie qu'Amélie reçut la nouvelle que bientôt elle quitterait ses chers parents pour entrer en pension. Mais quand elle vit approcher le moment de la séparation, le chagrin commença à l'envahir. A la vue des préparatifs du départ, bien des larmes furtives s'échappèrent de ses yeux, la tristesse s'empara de son âme, tant la pensée de quitter le toit paternel lui paraissait pénible. A la vérité rien n'était plus légitime que les sentiments qui lui gonflaient le cœur. Cependant on lui fit comprendre qu'elle devait chercher à dominer ce qu'il y avait d'excessif dans les émotions qui l'agitaient. Aussi bien vite, pour ne pas affliger ses parents, elle refoulait ses larmes et leur montrait un visage souriant. Mais une fois seule, la violence de ses émotions était tellement forte qu'elle ne pouvait s'empêcher de verser des larmes abondantes.

Arrivée à la pension, immédiatement, Amélie, obéissant à sa nature énergique, se mit courageusement à l'étude pour plaire à Dieu qui veut que tout homme travaille ici-bas et aussi pour satisfaire ses maîtresses de classe et ses parents, comme elle le dit ingénument dans son journal. Laissons-la donc parler elle-même :

« J'ai maintenant treize ans et demi, c'est-à-dire l'âge où l'on commence à comprendre et à raisonner. Jusqu'à présent j'ai vécu sans nul souci, pour ainsi dire, sans y penser. Mais aujourd'hui je vois les sacrifices que mes parents s'imposent pour moi et je vais tâcher de m'en rendre digne. J'ai entrepris de faire mon journal, car plus tard j'aimerai relire ces passages de mon enfance, puis je le montrerai à ma petite mère chérie qui certainement sera bien contente.

« Nous sommes rentrées à la pension depuis presque un mois et demi, j'ai travaillé le plus et le mieux possible, et j'espère que l'on est content de moi. J'ai eu un bon bulletin au jour de l'An et je m'efforce de bien m'appliquer pour en mériter un semblable à Pâques.

« Nous allons entrer dans le carême, et c'est pour cela que nous avons eu au Mardi-Gras trois jours de congé, dimanche, lundi et mardi. Toutes mes compagnes sont sorties à l'exception de deux dont l'une est grande, un peu plus vieille que moi; alors nous causons ensemble. Mais comme je dois remercier Dieu de m'avoir donné de si bonnes maîtresses! Mlle Fleury est vraiment une mère pour nous, elle comprend comme cela nous fait de la peine de voir toutes les autres partir et nous rester, et elle a mille attentions pour nous... »

Vendredi, 13 février 1880.

« C'est demain matin que nous allons nous confesser pour bien commencer le carême, je suis bien contente, mais je voudrais déjà avoir l'absolution, bien que je n'aie cependant que des fautes vénielles. Je suis bien contente aujourd'hui, j'ai eu partout de très bonnes notes, mais, ma chère petite mère, combien on est malheureux loin de toi!... oh! ma bonne chérie, ma bien-aimée mère, quand donc recevrai-je tes caresses? Je ne peux pas écrire ce que je ressens, c'est vraiment impossible, je vais terminer cette journée ici, car e ne peux écrire ce que j'éprouve. »

Samedi, 14 février 1880.

« Nous avons été nous confesser ce matin, il y avait beaucoup de monde et l'on passait toujours devant nous, de sorte que nous avons attendu au moins trois heures. Enfin mon tour arriva, j'espère avoir bien reçu l'absolution car je me repens sincèrement de tous mes péchés. Malheureusement j'ai beau prendre de bonnes résolutions, un coup de vent arrive, elles s'envolent sans qu'il en reste rien. Oh! mon Dieu, aidez-moi donc afin que je devienne pieuse et douce; heureusement que j'ai encore un peu le temps de penser à la mort car je suis jeune. Cependant il ne faut pas m'y fier, car la mort vient comme un voleur vous chercher au moment où l'on y pense le moins. J'ai bien prié pour mes parents et pour

4

moi, et le bon Dieu ne peut refuser quelque chose à une âme qui est purifiée par l'absolution et qui le prie avec confiance.

« J'ai été heureuse hier, car j'ai bien su ma géographie; c'était si difficile, l'Asie; puis j'ai eu un bien à ma leçon de piano ; enfin ma journée s'est très bien passée pour le ciel comme pour la terre. »

Jeudi, 26 février 1880.

« Nous sommes allées à la messe ce matin et j'ai prié le plus et le mieux que j'ai pu. Il fait très froid depuis hier et le temps était à la neige. Cependant l'air s'est radouci et nous sommes tout de même allées à la promenade, mais à peine étions-nous arrivées à la moitié de la route, que nous avons été surprises par la pluie qui a tombé jusqu'à notre rentrée à la pension. J'ai pris avec moi une toute petite muette, Amélie Wolf, et je lui ai donné mon manchon; car elle avait les mains toutes rouges de froid; il a été un peu mouillé, mais cela m'est égal, car j'avais fait un acte de charité.

« J'ai pris de nouvelles résolutions pour bien travailler encore ce mois-ci, car je sais bien les sacrifices que papa et maman s'imposent pour moi, et comme ils ne seraient pas contents s'ils savaient que je perds le temps qui m'est donné à m'instruire.

« Aujourd'hui je n'ai rien de particulier à mettre dans mon journal. Au dessin Mlle X... a été très contente de moi, car je m'applique de plus en plus, et je crois que je passerais ma journée à dessiner sans m'ennuyer, et puis je profite que j'y ai du goût pour me dépêcher d'avancer, car qui sait si ce ne sera pas plus tard mon gagne-pain. »

Elle eût été très heureuse et fière de gagner sa vie.

Sa vive intelligence unie à son amour pour l'étude lui fit donc remporter de beaux succès.

Elle se fit aimer de toutes ses compagnes par sa bonté et sa douceur. Cependant tout en étant prévenante pour elles, elle adopta le système de réserve et d'isolement. Ce n'était point chez elle assurément dédain ou indifférence; son âme était incapable de l'une comme de l'autre. Elle chérissait ses compagnes et leur portait à toutes un véritable intérêt. Mais elle avait d'autres attraits, d'autres pensées que celles qui vivaient auprès d'elle. Elle le dit elle-même dans son journal :

« Ce soir, j'ai bien commencé à accomplir mes résolutions en faisant cinq ou six mortifications. J'aime bien Claire, parce qu'elle est pieuse et qu'elle ne se mêle pas de se moquer de tout le monde. En me mettant à faire des efforts pour être pieuse, j'entreprends une lutte avec mes compagnes qui n'ont pas beaucoup de piété. Mais qu'importe, elles se moqueront de moi si elles veulent, je veux être pieuse et, avec la grâce de Dieu, je le serai. »

Il résultait naturellement que sans cesser d'être bonne, obligeante pour ses compagnes, elle n'était intime avec aucune et demeurait pour ainsi dire presque solitaire dans ce milieu assez bruyant de la pension. Toutefois il y eut une exception à cette règle de conduite. A la fin de ses études elle rencontra dans une de ses compagnes cette correspondance de goûts, cette sympathie de sentiments qui unissent les âmes, et son cœur si affectueux en ressentit un vif plaisir.

Continuons à l'interroger dans son journal et nous verrons que l'amour divin s'emparait de son cœur de plus en plus.

Lundi, 13 mars 1880.

« C'est, lundi, les examens. Les autres années les grandes communiaient pour celles qui se présentaient. Je m'y attendais aussi cette année; mais en vain, aucune maîtresse ne nous en parla. Alors ce matin nous en avons parlé à

Mlle Anaïs, mais elle ne voulut rien nous répondre si ce n'est que nous n'étions pas assez sages pour cela. Les autres élèves accueillirent cette réponse sans rien dire et n'insistèrent pas, car elles n'avaient pas bien le désir de communier, elles nous l'ont dit elles-mêmes. Mais moi, j'avais véritablement faim de Notre-Seigneur, et j'allai trouver Claire que je sais être pieuse; elle voulait aussi en effet communier. Nous attendîmes toutes deux à la porte de la chambre de Mlle Fleury, mais ce fut en vain, car l'heure de descendre au réfectoire avait sonné. J'ai dit tout bas une petite prière pour que l'on nous permette; il ne me reste qu'à vous remercier, ô mon Dieu! car nous obtînmes cette permission tant désirée. J'ai été bien joyeuse, et en effet, ce soir, nous sommes allées nous purifier au Saint Tribunal de la Pénitence. Le lendemain nous nous sommes levées, habillées, et à huit heures nous sommes parties à la Charité pour faire la Sainte Communion.

J'ai beaucoup prié pour mon petit père, pour celles du brevet et pour ma petite mère bien-aimée et aussi pour que le bon Dieu nous rende bien sages et bénisse notre travail. »

« Je suis rentrée à la pension lundi ; maman a pleuré et moi aussi. J'ai été contente cependant, car Mlle Fleury a dit à ma petite mère que je travaillais très bien, que je n'avais qu'un défaut : c'est que j'étais trop bavarde. Aussi, j'ai promis à ma bonne mère de faire des efforts sur moi-même et de continuer à très bien travailler. O mon Dieu! aidez-moi à faire plaisir à mes chers parents; je m'ennuie un peu, mais, en travaillant, j'espère que cela se dissipera. »

Mercredi, 15 avril 1882.

« Je pense beaucoup à vous en ce moment, mes chers parents. Tu es à Coulommiers, ma petite mère si bonne, ainsi que Marie, qui va partir à Rozoy, auprès de ma chère grand'mère.

Je suis assez contente de moi aujourd'hui, j'ai eu jusqu'à présent le maximum à toutes mes leçons, et ma leçon de piano était bien. Je tâcherai de continuer ainsi, mais pour cela il faut que je sois sérieuse. »

Jeudi, 20 avril.

« Quel bonheur! j'ai reçu une lettre de ma petite maman et de ma bonne sœur; j'ai été très contente, et je l'ai lue et relue bien des fois.

Dimanche, 23 avril.

« J'ai été communier ce matin, et j'ai bien fait, je crois, cette communion aux intentions que maman m'a recommandées. J'ai reçu une lettre de Marie, de quatre pages; je ne peux pas dire comme j'étais contente. Malheureusement maman Bégis va bien mal et je crains bien de perdre bientôt cette bonne mère. J'ai répondu de suite à Marie quatre pages aussi et je lui ai rapporté des fleurs de la promenade Mais je m'ennuie à mourir et j'ai pleuré pendant le catéchisme et la messe; j'espère cependant que personne ne m'a vue. C'est si triste d'être loin de ses parents pour trois mois sans voir personne.

« O mon Jésus! vous qui connaissez le fond de mon âme, vous savez que mon plus grand désir est de changer, de n'être plus bavarde et impatiente et de tout faire pour vous plaire. Peut-être que je ne prie pas assez.

« Enfin Mlle H. m'a dit que, depuis un mois, j'étais plus gentille. O mon Dieu! vous qui voyez mes efforts, faites que les vacances ne soient pas un obstacle à ma sanctification. Les prix après-demain. »

Ce fut sur ces entrefaites, vers l'âge de quinze ans, qu'Amélie, docile aux inspirations de la grâce divine, sentit le désir de se consacrer à Dieu pour toujours. Dans les douces et saintes effusions de la prière, le Seigneur frappait à la porte de son jeune cœur et le lui demandait.

D'un caractère vif et généreux, elle répondit à l'appel du Très-Haut, elle lui dévoua sa vie, à lui qui nous a donné la sienne dans de si cruels tourments. A l'exemple des grandes âmes qui ont vécu de notre temps, Eugénie de Guérin, Marie-Edmée Pau de Nancy, elle comprit que Dieu seul est grand, qu'il est amour, que lui seul peut combler l'insatiable ardeur qui dévore toute âme en ce monde. Emportée donc par l'amour divin, elle déployait ses ailes de colombe pour s'élever au-dessus du monde et de ses vaines joies, et comprenant l'excellence de la virginité elle appréciait le bonheur de tout quitter pour devenir l'épouse, la bien-aimée du Christ. Aidée par Lui, elle marcha d'un pas ferme dans le sentier du renoncement parfait. Elle choisit donc la meilleure part de manière à pouvoir se dire : J'ai trouvé celui que mon cœur aime, et je ne le quitterai point. Elle se dévoua ainsi à Dieu sans réserve et sans partage. Sa résolution une fois prise, elle y demeura fidèle toute sa vie. Les tristesses, les ennuis qui sont comme le lot de toute vie humaine ne purent l'ébranler. En retour Dieu la récompensa en lui faisant trouver autour d'elle des dévouements et des affections qui ne lui ont jamais fait défaut et qui la suivront par delà la tombe.

Du premier coup, par une grâce de choix, Amélie avait entrevu le but : Dieu seul. On s'explique maintenant le sérieux de toute sa vie et son amour pour l'isolement et la solitude.

CHAPITRE IV

SON RETOUR A LA MAISON PATERNELLE SON EXAMEN A VERSAILLES, SON ZÈLE A AIDER SON PÈRE DANS LA CLASSE

L est un moment après lequel soupirent toutes les jeunes filles, c'est celui où ayant terminé leurs études, elles reviennent au foyer domestique pour ne plus le quitter. Ce moment-là, Amélie depuis longtemps le désirait. Elle souffrait loin de ses parents, privée qu'elle était des soins et des caresses de sa mère. Pour dépeindre ses sentiments, nous ne pouvons mieux faire que de rapporter ici ses propres paroles : « J'ai encore pleuré au salut, en pensant à vous, mes chers

parents, on est si à plaindre loin de vous. Or si tu savais, ma petite mère chérie, si tu savais comme je soupire après toi et tes caresses! Aujourd'hui, mercredi, j'ai eu de bonnes notes, mais le soir, je me suis encore ennuyée à mourir tout en travaillant. Mais tout en travaillant, je m'ennuie tout de même bien, car les maîtresses sont si méchantes, pas méchantes si on veut, mais jamais, jamais elles ne vous diront une parole d'amitié. Toujours des paroles brusques; si elles vous disent de faire quelque chose, ce n'est qu'en ajoutant à leurs places : « ou sinon « des lignes ». Tout cela me fait véritablement du chagrin, je me console en priant et en pleurant. »

Ses études terminées, ce fut donc avec bonheur qu'Amélie quitta la pension où cependant, malgré ses ennuis et ses peines, elle avait passé d'heureux jours pour revenir prendre sa place au foyer paternel. Peu de temps après, elle se disposa à passer son examen pour obtenir le brevet d'institutrice. Ce fut à Versailles qu'elle se présenta, en 1883. Comme elle possédait parfaitement ses matières, elle fut reçue avec félicitations de la part du jury. Ce fut une grande joie pour elle et ses parents.

A son retour elle se jeta au cou de son père pour lui faire partager son bonheur. Dans son séjour à Versailles elle avait été accompagnée de sa mère, qui sûrement, par sa présence, lui avait donné plus d'assurance pour affronter avec calme les questions des examinateurs. Son âme si profondément chrétienne dut faire remonter vers le Seigneur le mérite de son brillant succès.

En 1885, dans le courant d'avril, sa sœur Marie ayant épousé un de ses cousins de Rozoy-en-Brie, Amélie fut obligée de la remplacer dans la classe des garçons. M. Nitot, assez souffrant de temps en temps, était forcé d'avoir recours à ses enfants pour se faire aider. Cette charge, elle l'accepta avec joie, elle aimait l'instruction, par goût, par inclination elle aimait à faire la classe, surtout aux petits enfants.

Pour aider son père dans cette tâche si ardue, elle se mit bravement à l'œuvre. C'était touchant de la voir, malgré sa grande jeunesse, si patiente, si sérieuse dans l'explication des notions élémentaires à des enfants de village. Bientôt elle acquit sur eux une grande autorité par le charme de son extrême douceur et son véritable savoir. Toujours d'une humeur égale, elle plaisait infiniment à ses petits écoliers qu'elle savait admirablement tenir sous le joug du travail et de l'obéissance. Elle leur portait à tous sans distinction le plus sincère dévouement avec le désir de leur être utile. Aussi la classe, en l'absence de son père, était si bien tenue que plus d'une fois elle fut complimentée par M. l'Inspecteur de Coulommiers.

Arrêtons là les détails sur la première partie de la vie d'Amélie. Ils nous indiquent ce qu'elle fut avec les dons naturels dont Dieu l'avait comblée. Hâtons-nous de porter nos regards sur les richesses de son âme, de considérer de près et d'étudier à fond cette nature que Dieu avait faite si riche de tous dons.

DEUXIÈME PARTIE

CHAPITRE V

SON AMOUR POUR DIEU ET LE SALUT DES AMES
SA DÉVOTION AU SACRÉ-CŒUR
SON ZÈLE POUR LA MAISON DE DIEU

A divine charité, après avoir pris possession de l'âme d'Amélie Nitot, devint le principe de ses actions et des battements de son cœur; elle était remplie de l'amour de son Dieu. Il suffisait de la regarder quelques instants à l'église, soit auprès de sa mère ou de ses compagnes pour voir que son âme s'absorbait dans le sein de la Divinité.

Sa tenue si respectueuse dans le lieu saint portait à la piété ceux qui en étaient les témoins. La génuflexion qu'elle faisait si simplement quand elle passait devant le Saint Tabernacle était l'indice de sa grande foi en la présence de Jésus-Christ au Saint-Sacrement. En un mot, son regard contenu, son extérieur si religieux, son maintien recueilli indiquaient son étroite union avec Dieu et imprimaient à sa personne quelque chose de céleste.

C'était pour elle une consolation d'assister le plus souvent qu'elle le pouvait au Saint Sacrifice de la messe, et au recueillement avec lequel elle le faisait on voyait qu'elle comprenait toute la grandeur et la majesté du sacrifice mystérieux de notre rédemption.

De plus elle s'approchait souvent du sacrement de l'Eucharistie, pour y trouver la force qui donne à la vierge chrétienne le courage de secourir toutes les misères humaines à travers les dangers de la peste et mille autres périls. Elle comprenait à merveille, la chère enfant, qu'une âme qui voit un Dieu se donner à elle sent qu'il est juste qu'elle se donne tout entière à Lui. Par le moyen de cette manne céleste, son âme s'unissait avidement à Dieu, et, appuyée sur lui, elle repoussait les attaques du démon et pouvait traverser impunément la boue du siècle sans laisser ternir la pureté de son cœur. Elle ne négligeait aucun moyen pour rester attachée de plus en plus au Maître des âmes. Aussi elle avait soin de renouveler de temps en temps sa consécration au Seigneur par une prière toute particulière qu'elle accompagnait d'une communion. Cette prière a été retrouvée parmi ses écrits ; nous aimons à la transcrire ici :

« Tout ce qui veut entrer dans mon cœur hors de vous, ô mon Dieu, ne sert qu'à le troubler, l'agiter et le tirer de son centre. Est-il donc trop grand pour vous! Ne suffisez-vous pas pour le remplir et le satisfaire? Qu'a-t-il trouvé hors de vous, Seigneur, qu'inquiétudes, chagrins, amertumes! Que trouve-t-il en vous, que douceur, que paix! Oui, mon Dieu, je vous donne mon cœur, tout mon cœur, je vous le donne pour toujours, vous y vivrez seul. Les créatures n'y auront plus de part. Je vais en fermer l'entrée à tout ce qui n'est pas mon Dieu. Que je serai heureuse quand vous y régnerez tout seul et y établirez l'empire de vos grâces et de votre divin amour! Je n'ai reçu un cœur que pour mon Dieu. Il ne le créa que pour lui; je veux donc qu'il soit à Dieu seul, tout à Dieu. O mon Jésus! faites qu'après vous avoir donné mon cœur, je ne vous le reprenne jamais.

« Il faut désormais, ô mon Dieu! que je ne vive plus que pour vous, que je ne pense plus qu'à vous plaire et que mon cœur soit aussi détaché que s'il était déjà au ciel. Amen. » (9 avril 1886.)

D'après cette prière qui dépeint si bien l'énergie de son âme pour être à Dieu et à Dieu seul, nous voyons que la lutte a été terrible et que parfois son cœur, tenté par le démon, inclinait vers la terre. Mais Jésus l'aimait et la fit triompher de l'ennemi du salut qui cherchait à ébranler cette jeune âme dans sa résolution de renoncer au monde. De son côté la pieuse enfant avait soin de se retremper dans la ferveur de la prière pour repousser le monde avec ses pompes et ses attraits mensongers. Dieu seul lui suffisait, et seul pouvait la satisfaire. Aussi, quand elle vit approcher le mariage de sa sœur aînée, son amour pour Jésus n'en reçut aucune atteinte. Dans ces réjouissances de famille si légitimes, et parfois un peu folâtres, elle garda la plus grande réserve et ne sentit nullement le désir d'aller dans le monde. Elle se rappelait, la chère enfant, qu'elle était animée, elle aussi, d'un amour immense, d'un amour qui avait donné sa vie pour elle, que par conséquent elle serait bien folle de désirer autre chose. « Non, mon Jésus, s'écriait-elle, que je sois tout à vous comme vous êtes tout à moi et je renonce au reste. Je renonce à tout amour humain; il serait là, cet amour permis à tout être humain, que je le repousserais comme je m'en interdis le désir et que, soulevant mon cœur de toutes les forces de ma volonté, je vous le confierais, mon Dieu, et ne l'abandonnerais qu'à vous.»

Comment ne pas s'arrêter en présence de tant de courage? Quelle force et quel caractère! quel amour de Dieu! quel soin à y répondre! Rien de terrestre, mais Dieu seul! Aussi, Jésus-Christ, à une âme si dévouée, ne pouvait rien refuser. Jusqu'à son dernier soupir, il l'a comblée de toutes ses grâces, et elle, à son tour, ne négligeait aucune circonstance pour se rapprocher de Lui. Pour elle se sont réalisées les paroles de saint François de Sales : « Qui bien désire la Dilection, bien la cherche; qui bien la cherche bien la trouve; qui bien la trouve, il a trouvé la source de vie de laquelle il puisera le salut du Seigneur. »

Où puisait-elle cette énergie surhumaine? Elle la puisait dans son grand amour pour Jésus-Christ. Laissons-la nous parler elle-même dans son journal de Boissy :

« J'ai eu le bonheur d'assister ce matin à la messe d'adoration, à l'église de Coulommiers. Elle était splendidement décorée. La messe a été chantée par les prêtres du canton. Cérémonie bien faite assurément pour faire naitre dans l'âme des sentiments d'amour envers Dieu. Quand tout le monde a été parti, j'ai pu prier un instant presque seule devant le Saint-Sacrement, et quel délicieux quart d'heure, ô mon Jésus! comme vous m'avez paru bon et beau, comme à vos pieds je me trouvais heureuse et loin du monde, loin des mille misères de la terre. C'est un rayon de soleil pour l'âme, je suis sortie plus forte et plus vaillante.

« Nous sommes allées à Coulommiers, maman et moi, et j'ai pu causer longtemps avec le Divin Maître au Saint-Sacrement. C'est là que je sens bien surtout que toute ma vie doit appartenir à Dieu et lui appartenir dans le monde, car à l'heure qu'il est, ne semble-t-il pas que notre pauvre France a plus besoin de chrétiennes sérieusement dévouées que de religieuses; elle les chasse, ses religieuses, elle n'en veut plus. Leur vêtement même est haï, elles ne peuvent franchir le seuil de bien des maisons et leur dévouement est contraint et paralysé; ah ! du moins, elle ne chassera pas celles qui se consacreront à Dieu au milieu du monde, elle les gardera dans son sein et leur laissera accomplir dans l'ombre leur œuvre de dévouement. Elle en rira peut-être, mais Dieu qui voit le fond des cœurs saura bien récompenser une vie de sacrifices par la joie immense qu'il nous donnera d'avoir pu faire un peu de bien. Loin de moi la pensée de ces filles égoïstes qui ne restent seules que pour vivre plus aisément. J'entends une jeune fille vierge par amour de Dieu, détachée des richesses complètement, se condamnant à un genre de vie très modeste pour offrir à Dieu ce qu'elle possède et lui donner le plus possible. J'entends une vie mortifiée, une vie de prière et de travail, une vie toute de dévouement et d'abnégation. Une telle vie dans le monde peut faire, je crois, plus de bien à l'heure présente, peut ramener plus d'âmes et édifier davantage que l'existence d'une religieuse. Mais pour cela il faut bien du courage, et j'en ai si peu; il faut votre amour, ô Jésus! donnez-le-moi et que je continue à m'exercer à une vie soumise, obéissante et réglée, que je cherche d'abord à reformer mon caractère, ce sera un apprentissage pour bien me préparer aux luttes de plus tard. »

23 avril 1884.

« M. le curé m'a donné mon crucifix. Marie malade. »

3 septembre.

« Marie est guérie; gloire à vous, ô mon Dieu! Cette épreuve était pour notre bien à tous; Marie sera plus heureuse et nous moins inquiètes. Que votre volonté soit faite, ô mon Dieu! Faites que je ne murmure jamais, quand vous m'enverrez

6.

un chagrin, une maladie, une épreuve quelconque! Je suis à Rozoy depuis aujourd'hui, pour quinze jours. »

7 septembre.

« La fête de Rozoy aujourd'hui; on s'amuse bien, on rit bien. Mais au fond de mon cœur, dans le plus secret de mon âme, j'aimerais mieux être à Boissy. Vous êtes le Maître, ô mon Dieu! Ici, malgré moi, je sens que je m'éloigne de Dieu! Les distractions, les petits voyages me font oublier mes promesses, mes résolutions. »

9 septembre.

« Visite à Vilbert, à la pension. Les chères sœurs étaient-elles contentes, et moi donc! Visite à la ferme, au cimetière où reposent notre oncle Auguste et ma tante Hortense. Bonne journée de doux souvenirs.

« J'emporte de cette sainte maison, de cette bonne pension, une dose de courage et de fermeté. Qu'elles sont heureuses, celles qui se consacrent à vous, ô mon Dieu ! Que je voudrais être appelée aussi par vous, Jésus, mais je suis bien indigne d'une telle faveur ! Faites-moi connaître ma vocation, ô mon Dieu ! Marie, aidez-moi ! »

10 septembre.

« Visite de M. le curé à Rozoy. Promenade à Bernay, au château de la Grange, à Bon-Secours. Bonne et excellente journée, et, comme dit M. le curé, un point blanc dans notre vie. Merci, ô mon Dieu ! »

Jeudi, 25.

« Je me retrouve seule à vos pieds, ô mon Jésus ! et c'est en baisant avec amour vos plaies sacrées que je vous dis : Merci ! merci, mon Dieu, pour tant de bienfaits ! Merci d'avoir exaucé nos prières, de nous avoir donné la suprême consolation de voir le cher frère de maman s'en aller pieusement et saintement de cette terre de misère. Ah ! sans doute, ma bonne tante Pauline et maman B. auront intercédé auprès de vous pour lui ; mais n'est-ce pas, mon Jésus, que j'ai aussi un peu contribué à sa fin chrétienne ? mes prières sont bien peu ferventes, mais elles partent tout de même d'un cœur qui vous aime bien. Hier, mercredi, maman et moi, nous hésitions à aller voir M. l'archiprêtre pour lui faire part des bonnes dispositions de mon oncle et l'engager à lui parler de ses devoirs. Mais, réflexion faite, nous nous sommes dit que nous devions vaincre notre timidité, car on ne meurt qu'une fois, et il faut tout faire pour assurer à ses morts chéris un heureux passage. Le bon Dieu a béni notre démarche, M. le curé a dit avoir confessé mon oncle, ce que nous ignorions. Il n'attend qu'un jour favorable pour lui donner le Saint Viatique. O mon Jésus ! faites qu'il puisse vous recevoir avant de mourir. Aujourd'hui, trois de mes oncles sont venus le voir, et ils ont poussé jusqu'à Boissy, ils ont appris les pieuses dispositions de mon oncle, et je vous en remercie, ô mon Dieu !

« Ce matin, j'ai communié pour notre bon M. Sourdet et pour mon oncle B. Je demande bien au bon Dieu qu'il m'accorde une foi pratique qui me fasse accomplir toutes mes actions en vue de l'éternité. Je m'applique beaucoup à voir Dieu en tout et à vivre d'une vie toute intérieure, toute unie à Notre-Seigneur. Cette continuelle tension de mon âme vers le bon Dieu m'est nécessaire pour lutter contre moi-même. Il me faut, Seigneur, votre puissant secours, je suis faible, et sans vous je succombe. Je désire vous aimer, vous servir toujours. Soyez *tout* pour moi et que je sois *toute* pour vous. »

La piété d'Amélie Nitot se manifestait encore par sa grande dévotion au Sacré-Cœur. Elle avait l'habitude, autant que le comportait sa faible santé, de communier tous les vendredis. Elle avait compris que le vendredi peut s'appeler à bon droit le jour de prédilection du Cœur de Jésus. Elle avait raison, la pieuse enfant, car l'amour divin a choisi de toute éternité le vendredi pour accomplir l'œuvre de la Rédemption.

Ce jour-là fut le grand jour du monde, jour mille fois béni, après lequel soupirèrent, pendant quatre mille ans, les patriarches, les prophètes et tous les infortunés enfants d'Adam. Ce jour-là qui a été le témoin de la mort sanglante du Dieu du Calvaire, elle ressentait au fond de son âme un vif désir de le recevoir dans le sacrement de son amour et, dans les moments délicieux de son union si étroite avec son Jésus, son âme répétait ce cantique qu'elle a tant de fois chanté avec ses compagnes de la Confrérie :

Qu'ils sont aimés, grand Dieu, tes tabernacles,
Qu'ils sont aimés et chéris de mon cœur!
Là tu te plais à rendre tes oracles,
La foi triomphe et l'amour est vainqueur.

En souverain, règne, commande, immole;
Règne surtout par le droit de l'amour.
Adieu, plaisir; adieu, monde frivole;
A Jésus seul, j'appartiens sans retour.

Ouvrons avec elle son journal de Boissy :

« Encore un vendredi de passé et qui comptera dans l'éternité. L'ai-je bien employé? Ce matin, je me suis confessée et j'ai communié de mon mieux, et ce mieux est encore bien tiède. Je me console en pensant que Jésus sait bien que je l'aime beaucoup, que je veux lui plaire et faire avant tout sa sainte volonté; je lui demande seulement de m'accorder la grâce de l'aimer comme il veut être aimé de moi. En somme, j'ai fait ce que j'ai pu ces deux jours-ci, mais pas encore tout ce que j'aurais pu; la lutte sera longue et difficile, mais avec votre grâce, ô mon Dieu! je finirai, j'espère, par être meilleure.

« Bonnes journées, très occupées, fertiles en douces émotions. Mais au milieu de tout cela, l'incertitude vient toujours comme un ver rongeur me tyranniser et semer l'amertume dans mes plus douces joies. Que votre volonté soit faite, ô mon Dieu! oui, je sens que je n'aurai de paix complète que lorsque je serai parfaitement soumise à accepter et à accomplir votre volonté quelle qu'elle puisse être, et je crains toujours que ce Fiat soit plus sur mes lèvres que dans mon cœur. Mon Jésus, il est deux grâces que je veux obtenir de vous : plus de foi, et une confiance sans bornes en votre infinie bonté; c'est ce qui me manque le plus, c'est ce doute continuel qui empoisonne mes joies les plus pures.

« Et cependant, mon Dieu, il m'est permis d'avoir une volonté à moi, vous savez ce que mon cœur désire : depuis la fête du Sacré-Cœur, et c'est à vous, cœur adorable que j'attribue ce changement, mes idées se sont faites tout à coup plus nettes et plus précises; je veux, oui, je veux être religieuse de cœur et d'esprit, je veux être dans ma paroisse surtout et dans ma famille la servante des pauvres et des malades, l'institutrice, la mère des petits enfants chaque fois que je le pourrai et l'auxiliaire dévouée du prêtre pour les bonnes œuvres et les besoins du culte.

En un mot, je veux être et je serai, si c'est la volonté divine, une sœur de charité au milieu du monde. Mon habit laïque ne l'effrayera pas et je pourrai plus facilement vous gagner des âmes, ô mon Dieu! Pauvreté, Chasteté, Obéissance : voilà ma règle aussi bien qu'au couvent.

« 1° PAUVRETÉ : Rien n'est plus facile que d'être pauvre pour l'amour de Dieu. Tout ce que j'ai, mon JÉSUS, vous le savez bien, vous est depuis longtemps consacré. Je jouis de peu de chose maintenant, mais ce peu est à Vous. Si plus tard j'ai davantage, pour moi le strict nécessaire, à Vous tout le reste. Je vis très simplement, mon intention est de vivre toujours ainsi, mon désir est de rendre ma mise plus simple afin que votre part soit plus large, ô JÉSUS! Vous savez, mon Dieu, que le superflu, l'inutile, je me le suis refusé depuis longtemps. Vous savez qu'au jour de l'An, j'ai eu la tentation bien forte de m'abonner à un journal qui me plaisait beaucoup. Je ne l'ai pas fait, et je ne le ferai pas parce que ce que je possède vous appartient et que je ne dois pas le gaspiller en choses inutiles. Tout doit être pour vous, votre église et les pauvres.

« 2° Chasteté : Je vous en ai fait le vœu bien sincère; puissé-je, avec votre secours, ne jamais y manquer, ô Jésus!

« 3° Obéissance : Je puis et je dois pratiquer la vertu d'obéissance à l'égard de mes chers parents, en me soumettant aveuglément à leurs moindres volontés en tout ce qui n'est pas contraire à ce que la religion commande, m'habituant à voir en eux les représentants de Dieu lui-même.

« Soumission complète à mes autres supérieurs. Tout cela semble facile, et c'est cependant très difficile pour une âme tiède et orgueilleuse comme la mienne. Mais avec votre secours j'avancerai vers Vous, mon Dieu, et ma misère, loin de me décourager, doit me faire espérer davantage, car Vous êtes venu non pour les justes, mais pour les pécheurs, et vous ne repousserez jamais celui qui vous demande miséricorde, et qui met en Vous seul son appui et sa consolation. »

D'après les quelques lignes que nous venons de citer nous pouvons comprendre combien Amélie Nitot vivait habituellement en Dieu, dans une union intime avec Jésus. Sa piété était donc ferme et solide et n'avait rien de superstitieux. Elle pensait que le Seigneur a pour agréables, non les longues, mais les ferventes prières. Son âme était toute de feu pour Jésus. Aussi, par sa grande vertu, elle imprima dans la paroisse, autour d'elle, un mouvement efficace et fécond pour le bien de la religion et des âmes. Dieu en régnant en maître dans son cœur a su l'élargir et le faire régner à son tour sur tous ceux qui avaient le bonheur d'entrer dans son intimité. Même ceux qui ne la connaissaient qu'imparfaitement, avaient pour elle le plus grand respect et se sentaient subjugués par le rayonnement si pur de sa jeunesse, et jamais une voix discordante ou de blâme n'est tombée, même de la bouche des impies, sur ses actions, tant le respect qu'on avait pour elle était grand. Cela n'est pas étonnant, car c'est dans l'ordre que les âmes chastes et vertueuses exercent autour d'elles la plus douce et la plus salutaire influence. Celle qui a donné à Dieu son innocence et son amour lui a fait don de ce qu'il y a de plus suave dans la vertu et de plus délicieux dans le cœur, et par cela même elle a tout pouvoir sur le cœur de Dieu. Appuyée sur la magnifique offrande qu'elle avait faite d'elle-même au Très-Haut, n'avait-elle pas le droit de tout lui demander pour le bien des âmes? Dans son amour pour son Sauveur elle cherchait par mille moyens à étendre son empire et à sauver les âmes. C'était là l'impérieux besoin et comme le cri de son cœur. Sa grande préoccupation dans sa famille était de porter tous les siens à Dieu par le charme de sa bonté et de ses vertus. « Ne pouvant pas défendre la religion par la parole, disait-elle ingénument, je veux du moins la faire aimer par mes exemples. » Parole bien apostolique! Faire aimer Notre-Seigneur et lui gagner des âmes, voilà le résumé de sa vie.

Écoutons ce qu'elle nous dit par rapport à une de ses compagnes qui était sur le point de paraître devant Dieu :

Mercredi, 1er août.

« Merci, merci, mon Dieu, merci, ma bonne mère! Je n'ai pas le temps de vous en dire plus long ce soir, mais je ne voulais pas que cette journée finisse sans vous exprimer toute ma reconnaissance. Merci encore, Cœur Sacré de mon Jésus, d'avoir exaucé nos prières; merci, Très Sainte Vierge, de nous avoir obtenu cette faveur. Oh! bénissez la communion que cette chère âme fera demain matin, qu'elle soit pour elle le gage de la vie bienheureuse.

« Saint Joseph, patron de la bonne mort, priez pour elle. »

7.

Jeudi, 2 août.

« D. a reçu ce matin le Saint Viatique, merci, mon Dieu! elle l'a reçu avec beaucoup de piété, a dit M. le curé, et maintenant elle mourra en paix avec le bon Dieu. N'est-ce pas, mon Jésus, que vous me permettez de penser que nos prières ont contribué à son retour à vous? j'ai fait tout ce que j'ai pu, vous le savez bien. Dimanche dernier, M. le curé avait recommandé cette chère âme aux prières de la Confrérie. Alors une bonne inspiration m'était venue; mon bon ange me disait : « Demande à X. si elle veut que vous fassiez ensemble une neuvaine à la Sainte Vierge pour assurer à cette jeune fille une bonne mort; la Sainte Vierge ne peut pas faire autrement que de vous exaucer, et juge donc comme vous seriez heureuses si vous pouviez sauver une âme! » J'avoue qu'il m'en coûtait de demander cela à ma compagne, elle est cependant très gentille, mais je suis sotte vraiment d'être si timide surtout en matière de religion! Enfin, nous allons nous promener ensemble, je lui propose; elle accepte, nous commençons dès le lendemain à réciter un Pater, un Ave et un Souvenez-vous à Notre-Dame de Lourdes, chacune dans notre chambre.

« Mardi soir, M. le curé va voir la chère malade; on ne le laisse pas entrer près d'elle, et la façon dont on le reçoit est un billet de sortie. Il était désolé d'autant plus que lundi prochain il doit s'absenter et que D. pourrait fort bien mourir en son absence. Et voilà que le lendemain, après la messe, Mme X. vient dire à M. le curé que la malade voulait bien le voir, se confesser et recevoir les secours de la Religion.

« Quelle joie, mon Dieu, quand j'ai su cet heureux changement si inattendu! Quelles actions de grâces se sont échappées vers vous, ô Très Sainte Mère! C'est Mme P. qui m'a appris la bonne nouvelle. Je revenais de faire une commission, elle m'a appelée pour me le dire, elle avait les larmes aux yeux, et en voyant son émotion, je remerciais doublement le bon Dieu de cette faveur qui allait affermir dans la foi et dans la confiance en Marie l'âme de cette heureuse personne. M. avait couru aussi annoncer cet heureux changement à maman; c'était M. le curé qui leur avait dit.

« Comme je vous remercie, ô mon Dieu! de m'avoir encouragée à demander à M. de s'associer à moi pour la neuvaine; ainsi il y a plus de bon exemple, plus d'édification. Si j'avais prié seule, peut-être la Sainte Vierge ne m'eût pas exaucée, mais nous étions deux à la prier, à la supplier, elle ne pouvait nous refuser. Oh! faites, mon Jésus, que cela soit pour ma compagne et pour moi aussi, ainsi que pour sa famille et la mienne une cause de bénédiction, et qu'au ciel, cette bonne D. pour qui nous avons tant prié sur la terre, intercède à son tour pour nous et soit aussi notre avocate à notre dernier moment. »

Toute brûlante d'amour pour Dieu, elle cherchait à orner son temple et l'autel du Sacré-Cœur. Tout ce qui touchait à la beauté, à la richesse des ornements de l'église l'intéressait vivement. Parfois elle décorait la statue du Sacré-Cœur de fleurs qu'elle avait achetées de ses petites ressources; ou elle s'ingéniait à tresser des couronnes et des guirlandes pour les jours des grandes solennités.

Sa piété si vive lui faisait trouver mille moyens d'orner le sanctuaire. Il fallait la voir surtout la veille des grandes cérémonies de l'église, époussetant les autels et les statues. Elle apportait ses soins à ce que tout fût propre et convenable dans le lieu sacré. Aussi, quand à la fin de la journée elle s'apercevait que tout était brillant et de bonne tenue dans l'église, une vive joie se répandait sur ses traits toujours si bons et si doux, elle ne manquait pas de dire aux personnes qui l'aidaient : N'est-ce pas que c'est bien! n'est-ce pas que c'est beau!

Elle était si heureuse, la chère enfant, d'avoir travaillé pour Dieu qu'elle aimait tant!

« Je suis louée à Dieu, s'écriait-elle, depuis ce matin, et c'est chez lui que je suis occupée. Courage donc! Il est si bon le Maître, et elle est si belle la récompense qui t'attend ce soir! Veux-tu faire plaisir à Dieu? sois gaie et travaille.

« Dieu me regarde à cette heure. Maître, voyez; je suis où vous me voulez; suis-je comme vous voulez? Dieu mesure la récompense à l'ardeur apportée, à la difficulté vaincue, à l'ennui surmonté, au peu de satisfaction reçue.

« Mon Dieu, je me présente devant vous; une petite aumône, s'il vous plaît, un peu d'amour, un peu de force, un peu de joie [1]. »

1. Nous ne pouvons pas résister au plaisir de citer ici une des dernières lettres qu'elle écrivit, peu de temps avant sa mort, à une de ses cousines pour lui recom-

En révélant son amour pour son Dieu et pour les âmes, ce n'est pas à proprement parler son

mander l'œuvre de Saint-François et celle des écoles libres.

Boissy, ce 30 septembre 1891.

« Ma chère petite Jeanne,

« Je viens te remercier de tout mon cœur pour les nombreux timbres-poste : j'ai été bien surprise et bien contente quand *Man Ienne* m'a remis ton petit paquet. Où donc avais-tu appris mon commerce ? A Rozoy sans doute. Quoi qu'il en soit, ma chérie, sois sûre que tu m'as fait bien plaisir et reçois mes sincères remerciements et mes meilleurs baisers.

« J'ai confiance en toi, ma Jeanne, et j'espère que tu continueras à te faire l'apôtre de mon œuvre à la pension auprès de tes compagnes. Tu sais que les vieux timbres sont vendus au profit de l'Œuvre de Saint-François de Sales ; ces dames les Religieuses connaissaient bien toutes l'œuvre de Saint-François de Sales aujourd'hui établie dans toute la France et destinée spécialement à venir en aide aux écoles libres et à propager les bons livres.

« Et tu sais que venir au secours des écoles libres c'est faire une bonne action non seulement au point de vue chrétien, mais encore au point de vue purement humain ; c'est venir en aide à la société que de lui conserver ces bonnes sœurs qui dans les grandes villes surtout font tant de bien, où elles ne se bornent pas seulement à donner gratuitement l'instruction aux petits enfants, mais aussi s'appliquent à soulager toutes sortes de misères ! Que de souffrances adoucies ! Y a-t-il une plaie pour laquelle elles n'aient pas un baume tout spécial ? parce éloge que nous avons en vue, mais surtout la gloire de Dieu qui montre à la terre de si belles

que, vois-tu, elles se dévouent avec leur cœur et qu'elles n'attendent pas ici leur récompense. Rien de plus facile pour toi que de demander à tes compagnes leurs timbres-poste ; de même si quelquefois à ton goûter tu prends du chocolat, garde-moi le papier argenté à la même intention. Tout cela est bien peu de chose, n'est-ce pas? mais les petits ruisseaux font les grandes rivières, et lorsqu'il s'agit de faire le bien, rien n'est petit, tout est grand : c'est le but qui ennoblit l'action.

« Je compte donc sur ton zèle, ma chérie, et je t'envoie une petite image, elle te dira merci pour moi. Et maintenant, ta bonne Man Nini doit être rentrée. Marie nous a écrit dimanche, elle disait que papa Bégis était tout triste de sa solitude; en effet il se trouve si heureux maintenant, cette vie de famille lui plaît beaucoup, il est du reste infiniment mieux. Mais c'est ton papa qui trouvera le temps long sans doute? cela te procurera le bonheur de le voir de temps en temps a Rozoy.

« Dis à Marie que nous pensons bien à elle et que nous prions Dieu de lui envoyer une bonne place où elle puisse travailler selon ses goûts, car je crois qu'elle désire être dans le commerce, et pour elle alors commencera réellement la vie sérieuse! Adieu et bonne santé! Papa et Man Ienne aussi ne vont pas mal, moi tout doucement; papa chasse un peu, mais cette année le gibier est vraiment rare. Papa a eu la chance de tuer pour la première fois un lièvre mercredi, mais les perdreaux il n'y faut pas compter. Je ne te demande pas des nouvelles de ta santé, ma petite Jeanne, j'espère qu'elle est toujours très bonne, et que tout ton cher monde aussi se porte âmes pour affermir les bons et pour convertir les indifférents et les mauvais chrétiens.

bien. Embrasse bien fort pour moi et pour nous tous ton cher papa, ta bonne Man Nini. Je crois bien que Paul est capable d'en remontrer en gymnastique aux élèves de Rozoy, dis-lui cela de ma part en l'embrassant pour moi. Adieu, ma chère petite Jeanne; à toi ainsi qu'à Marie nos bien affectueux baisers.

« AMÉLIE. »

CHAPITRE VI

SON AMOUR POUR LA SAINTE VIERGE
SA GRANDE AFFECTION POUR SA MÈRE
SON CARACTÈRE

TOUT dans le cœur d'Amélie était réglé avec la plus grande harmonie. Au-dessus de toutes les affections, ainsi qu'on vient de le voir, planait l'amour de Dieu, qui grandit en elle à mesure qu'elle avançait en âge.

Après son amour pour Dieu, elle en ressentait un autre presque aussi vif pour la Vierge, son auguste mère. Elle avait pour la Vierge immaculée une véritable dévotion, la tendresse respectueuse d'une enfant pour sa mère. Son âme, bien que concentrée, aimait à reporter sur Marie les trésors d'affection dont elle était remplie, et de plus, elle sentait le besoin, la chère enfant, de recourir à elle pour qu'elle lui conservât par sa protection, l'innocence, la pureté de son cœur, ce bien le plus précieux, le plus estimable.

Depuis longtemps déjà, excepté dans les derniers temps de sa vie, elle se faisait un devoir de réciter, chaque jour, le chapelet, heureuse qu'elle était, à chaque Ave Maria, de tresser une couronne de prières, en l'honneur de la Reine des cieux. Elle jugeait indispensable d'appeler à son aide Celle qui, comme mère de Dieu, est toute-puissante par l'empire de sa prière, et qui, comme mère des hommes, est toujours prête à se servir de sa puissance pour nous protéger pendant la vie.

Sa dévotion à la Sainte Vierge ne se bornait pas seulement à la récitation du chapelet. De temps en temps, dans le secret de son âme, elle aimait à se consacrer à elle. On a retrouvé dans ses écrits son acte de consécration à la Reine des anges, qu'elle a composé elle-même et qu'elle devait porter habituellement sur elle. Nous sommes heureux de pouvoir le transcrire ici :

« O Marie, ma mère, votre pauvre enfant vient se jeter dans vos bras. J'ai peur, ma mère, j'ai peur de cet avenir que je ne connais pas; j'ai peur du monde et de ses pièges, j'ai peur de moi-même, de mon pauvre cœur si prêt à s'enthousiasmer de tout ce qui se passe. Aidez-moi, je vous en supplie, ma mère, cachez-moi dans votre sein. Je vous appartiens, je suis à Dieu, faites que jamais je ne retourne mes yeux du Cœur Sacré de votre divin Fils. Qu'il soit toujours mon seul amour, mon unique bien sur la terre. Je viens mettre mes résolutions à vos pieds, ma mère chérie, pour que vous les bénissiez et que vous m'aidiez à réformer mon caractère. Je veux surtout, pendant ce mois, tâcher d'être plus

8.

douce et plus prévenante à l'égard de mes chers parents, faire tous mes efforts pour bien employer mon temps et ne jamais me laisser aller à l'oisiveté. Je viens surtout vous demander de m'accorder de vouloir, toujours et en tout, la volonté de Dieu et seulement de Dieu! Pénétrez-moi de cette pensée que Dieu est mon père, qu'Il m'aime, qu'Il ne veut que mon salut, et qu'Il ne me laissera pas! Je veux vivre en paix dans cette assurance au jour le jour, sous votre regard maternel, ô ma mère! Merci mille fois des grâces abondantes que vous m'avez accordées jusqu'à ce jour. Bénissez-moi, protégez-moi, soutenez-moi, guidez-moi, ô ma mère! donnez-moi de faire le bonheur de ceux qui m'entourent, de les porter à Dieu, et en tout et pour tout que je dise avec amour : Que votre volonté soit faite, ô mon Dieu! Ainsi soit-il. »

Prière bien touchante qui nous montre la confiance qu'Amélie Nitot avait en Marie et le besoin qu'elle avait de son secours pour rester fidèle à Dieu.

Son amour pour Marie était donc sans bornes. Aussi sut-elle, sous son égide tutélaire, se conserver pure au milieu des séductions et des dangers de la vie.

Tout ce qui se rapportait à la Sainte Vierge l'intéressait au suprême degré. Ses images lui parlaient au cœur, elle aimait à en posséder. Combien de fois, renfermée dans sa modeste chambre, elle jetait un regard affectueux sur la statue qui ornait la cheminée pour élever son cœur vers cette aimable souveraine.

Il faut avoir eu le bonheur de pénétrer dans son intimité pour connaître les liens étroits qui l'unissaient à Marie. Aussi avait-elle soin de profiter des occasions qui se présentaient pour l'honorer et lui témoigner son amour. Pour le mois de mai, malgré sa faible santé, elle était la première à orner son autel de guirlandes de verdure qu'elle faisait elle-même avec le concours de pieuses personnes ; et dans ces moments-là, tout entière à son pieux travail, son cœur murmurait le chant du poète :

De ses plus verts rameaux, de ses fleurs les plus belles,
Pour parer ses autels dépouillons le printemps;
De ses bénignes mains et de fleurs immortelles
Marie un jour ceindra le front de ses enfants.

De plus, aux jours de ses fêtes, elle aimait à s'approcher des Sacrements. Pendant son séjour à Boissy, une congrégation d'Enfants de Marie fut établie dans la paroisse. Amélie fut une des premières à s'enrôler sous l'étendard de la Vierge ; et quand le beau jour s'éleva pour elle de revêtir ses saintes livrées, ce fut avec la plus grande joie qu'elle vint publiquement en présence de ses compagnes choisir Marie pour sa mère, et la supplier de la prendre sous sa protection.

La prière qui tomba alors de ses lèvres, les anges de Dieu s'empressèrent de la recevoir pour la porter aux pieds de leur Reine, comme un bouquet d'agréables fleurs sortant d'une âme si pure et d'un cœur si affectueux.

Ainsi protégée par Marie, Amélie ne tarda pas à devenir une jeune fille accomplie. Ange de bonté sous les traits d'une charmante enfant, elle répandait partout où elle se trouvait une sérénité joyeuse et tranquille. Accoutumée à vivre avec elle-même et avec sa mère, à réfléchir sur ce qu'elle lisait, à n'estimer que le bien et le vrai, à fuir les conversations inutiles, elle était arrivée, bien avant le temps, à une grande maturité d'esprit et de cœur. Son désir ardent du ciel, sa charité pour les malheureux, lui avaient révélé le terrible mystère de la vie. Elle comprit que le bonheur des hommes repose sur la vertu, et que la douleur est pour eux une compagne inséparable que la religion seule peut adoucir et calmer.

Cette droiture de jugement se faisait sentir jusque dans ses conversations. Cependant avec les étrangers, elle parlait assez peu, mais elle aimait à s'entretenir longuement avec sa mère, soit à la maison, soit dans les promenades qu'elles faisaient ensemble. Occupées l'une et l'autre aux soins du ménage, elles réservaient ordinairement leurs entretiens intimes pour les heures de liberté et de promenade. Elles cherchaient alors de préférence les sentiers solitaires. C'est là que leurs âmes passaient l'une dans l'autre avec tant de douceur que le temps de la promenade s'écoulait avec la plus grande rapidité. Et pourquoi se sont-elles aimées d'un si constant amour? parce que ce qui était sacré pour l'une le devenait pour l'autre; tant leurs âmes se comprenaient et s'entendaient.

Amélie savait aussi tout prévoir, tout ranger avec ordre. Elle trouvait son bonheur à faire celui des autres. Saisissant avidement les occasions de se rendre utile, comme une fée bienfaisante, elle répandait la joie dans la maison paternelle. Renonçant au bonheur personnel qu'elle aurait pu rêver pour elle-même, elle faisait rayonner sur ceux qui l'entouraient le charme tranquille d'une humeur spirituelle et de bon aloi. Elle opposait à toutes les déceptions de la vie le secours de la prière, et, près de sa mère, qui était sa confidente, elle passait ses jours en paix sous le regard de Dieu et de ses anges.

Et cependant avec sa grande piété, son amour de Dieu et des âmes elle ne se sentait nullement disposée à entrer en religion. Elle était née avec une grande indépendance de caractère; ne voulant pour ainsi dire accepter d'autre domination que celle de Dieu; toute entrave à sa liberté lui était intolérable. Certes la sainte enfant était heureuse de se plier sous la loi divine, mais sa nature faite pour le mouvement, pour la vie active avait besoin de se sentir à l'aise et tout à fait libre pour ses actions. Combien de saintes âmes ont vécu ici-bas, au milieu du monde, et se sont sanctifiées, en vaquant au service de

Dieu et du prochain! Amélie Nitot était de ces âmes créées pour vivre libres sous le regard de Dieu. L'examen qu'elle fait à ce sujet sur elle-même nous la fera connaître entièrement. Écoutons-la par la voie de son journal :

« Est-ce que je me sens un attrait pour la vie religieuse? Jusqu'à présent, non. Je mets en dehors santé et famille, et je me regarde seule. Dans nos malheureuses campagnes si délaissées, où la foi semble s'éteindre, il faut des âmes éprises de Dieu, dévouées entièrement à Jésus-Christ et à son Église, donnant au monde l'exemple d'une vie pure et détachée, pleine d'abnégation et de dévouement, que l'on trouve toujours prêtes pour le sacrifice, des âmes de religieuses qui sous un habit laïque qui n'éveille pas la défiance, puissent plus facilement faire pénétrer Dieu au sein des familles pauvres, au foyer de l'impie. Il faut des âmes qui sachent, si Dieu leur a donné les biens, ne se réserver que le strict nécessaire, offrir tout le reste à Dieu, ne s'en servir que pour soutenir l'Église, les œuvres saintes et pour se frayer un passage, par la pratique de la charité, au sein des familles pauvres, afin d'y gagner des âmes à Jésus-Christ.

« O mon Dieu! faites que je sois une de ces âmes, c'est mon plus cher désir, mon vœu le plus ardent.

« Qu'est-ce qui semble m'éloigner de la vie religieuse?

« L'obligation où je serais de vivre dans une complète dépendance, non pas que je refuse d'obéir. Il me semble, au contraire, qu'il me serait doux de pouvoir me reposer sur ma supérieure du soin de ma conduite; au moins, serais-je sûre en lui obéissant, de la faire, la volonté de Dieu. Mais cette privation entière de liberté est tout à fait incompatible avec ma nature. Je crois que mon âme s'y trouverait comprimée, resserrée, étouffée, n'ayant plus la facilité de faire le bien sous toutes ses formes. Il me semble que je mourrais comme une plante que l'on prive d'air. Oui, je languirais, mon Dieu, parce que vous m'avez donné une âme qui a besoin d'être libre pour faire le bien. Le besoin de liberté, c'est chez moi une seconde nature. Il faut que mon âme puisse prendre librement son essor vers vous, ô Jésus! Il faut que je puisse remplacer dans ma paroisse, auprès du malade et du pauvre, la sœur de charité que l'on exile; auprès du petit enfant l'humble sœur de l'asile pour lui dire qu'il a un Père et une Mère au ciel, pour lui apprendre ses prières, son catéchisme, et par une vie pieuse et mortifiée consoler le cœur de Jésus si oublié, si outragé. En un mot aimer Dieu et le faire connaître et aimer autour de moi; voilà mon but sur la terre, voilà seulement ce qui doit m'occuper.

« Mais pour cela il faut beaucoup de force, beaucoup d'énergie et beaucoup d'amour pour vous, ô mon Dieu! et aussi, avec votre grâce, le secours, l'appui de Marie, ma mère. »

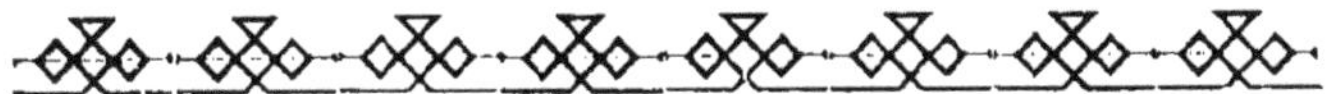

CHAPITRE VII

SA CHARITÉ POUR LES PAUVRES SON ZÈLE A VISITER LES MALADES ET LES MOURANTS

Qui aide son frère sera honoré, dit l'Esprit-Saint. Cette maxime a toujours été la règle de conduite d'Amélie Nitot. Elle savait, d'après les Saints Évangiles, que le pauvre est le représentant de Jésus-Christ, que le repousser, c'est repousser Dieu lui-même, que la main qu'il tend pour recevoir un secours est la main qui fut percée de clous pour nous racheter. Voilà le principal motif pour lequel elle courait au-devant des malheureux et des déshérités de la vie. En tout temps, elle a fait preuve d'une charité tendre et persévérante, d'une bonté courageuse et d'un désintéressement sans bornes. Aussi, en paraissant devant le tribunal de Dieu, son âme fut jugée digne de la miséricorde, elle qui l'avait tant exercée ici-bas.

Son cœur si bon et si compatissant frémissait de pitié à la vue du pauvre. Elle ne se bornait pas à ouvrir sa bourse, une bonne parole de sympathie, de bienveillance tombait presque toujours de ses lèvres pour encourager à la patience, à la résignation ceux qu'elle visitait presque toujours en compagnie de sa mère. Rien ne lui coûtait quand il s'agissait de les soulager, elle bravait tout, les offices les plus humiliants pour faire régner la propreté autour d'eux. En un mot elle se comportait en vraie sœur de charité.

Il y a une dizaine d'années existait dans la paroisse une pauvre infirme, privée de l'usage de la vue, sans ressource aucune, obligée pour vivre d'avoir recours à la générosité des personnes qui l'entouraient. Elle eut le bonheur dans sa détresse de trouver dans Amélie Nitot un ange de bonté et de dévouement. En présence de sa grande misère, elle s'attacha à elle profondément et lui donna les soins d'une véritable enfant. Elle se fit sa lectrice, cherchant en dehors du temps qu'elle devait consacrer aux enfants de l'école, à la distraire par une bonne et saine lecture des ennuis et de la longueur du jour. De plus, faisant pour ainsi dire violence à sa nature si délicate, elle avait le courage de prendre sur elle de lui rendre les soins les plus difficiles, les plus répugnants de la propreté. Elle se disait sans doute dans ces moments si pénibles que Jésus habitait dans cette pauvre malheureuse, et cette pensée surnaturelle lui donnait la force de tout braver pour surmonter la répugnance que l'on trouve dans ces sortes de devoirs.

Sa charité ne s'arrêtait pas encore là, elle se

9.

privait pour lui donner les meilleures choses de sa table. Au commencement du printemps, avec adresse pour qu'on ne la vît pas, elle ne manquait pas de lui porter des fruits, des fraises. Elle s'improvisait de temps en temps son ange conducteur en la menant, à certains jours, aux différentes cérémonies de l'église pour lui faire recevoir les Sacrements. Dans cette circonstance, on la voyait traverser la place de Boissy, ayant à son bras la pauvre aveugle et la conduisant avec les plus grands ménagements.

Les habitants du pays étaient édifiés de ce spectacle si touchant; une jeune fille bien élevée, d'une réelle distinction, à l'air candide et pur, se faisant l'humble servante d'une pauvre et malheureuse infirme. La religion seule peut inspirer de tels actes de bonté et de sacrifice. La sainte enfant, on peut le dire, débordait d'affection pour les pauvres, son cœur ne pouvait contenir les flammes de l'ardente charité qui le dévorait. Par ce qu'elle va nous dire elle-même, nous comprendrons mieux les élans de son cœur si bon et si compatissant.

« Hier je suis allée voir nos pauvres malades de La F... et j'ai rapporté des chaussons à raccommoder. Merci, mon Dieu, merci d'avoir pu leur faire un peu de bien. Comme je suis heureuse, comme il me semble que je suis légère et que je vous aime, Seigneur, quand je sors de leur pauvre réduit! Là, je me sens dans mon élément, et il me semble que je n'aurais rien à envier au bonheur des séraphins du ciel, si j'avais tous les jours la facilité de soulager de semblables souffrances. Accordez-moi, mon Dieu, de bien profiter de la grâce que vous me faites en me permettant de venir à leur aide, que je le fasse avec amour, vous voyant en eux, avec humilité, ne cherchant que votre regard et votre seule approbation.

« O Jésus, doux et humble de cœur, faites, je vous en prie, mon cœur semblable au vôtre. »

Dimanche, 24.

« Qu'il est pénible de voir souffrir et de ne pouvoir apporter qu'un maigre soulagement! Je me creuse la tête pour trouver le moyen de venir en aide à la pauvre famille de La F. et je ne trouve pas. Que faire, Seigneur, que faire pour les tirer d'une pareille détresse? Prier, me répondez-vous, mon Dieu, ah! je prie tous les jours, mais je voudrais avoir le bonheur de faire plus encore pour eux. Ils sont malheureux; à ce titre ils sont d'autres Vous-même. O Jésus! si vous étiez réellement à leur place, je ne trouverais pas suffisant de vous aider par une prière; je voudrais encore vous soulager par tous les moyens possibles. Eh bien, il en est de même pour eux, ce sont nos membres souffrants, et comme je me dépouillerais pour Vous, je voudrais tout donner pour eux. Je cherche et je ne vois rien d'inutile que je puisse supprimer dans ma vie de tous les jours. Travailler pour vous offrir le fruit de mon travail, vous savez, mon Dieu, que cela a toujours été mon rêve de plus en plus irréalisable pour bien des raisons. Vous savez aussi que le peu d'argent mis à ma disposition est uniquement employé à votre service et à celui des pauvres. Alors je dis : Seigneur, que votre volonté soit faite! Je ne peux donner davantage, donc je prierai beaucoup et je tâcherai de faire donner par ma bonne petite mère le plus possible.

« Nous sommes allées voir mercredi cousine H. Hélas! le bon Dieu n'a pas voulu que mes châteaux en Espagne vissent le jour, je me résigne, il le faut bien du reste, je n'y ai pas grand mérite. Sur le moment, j'en ai eu beaucoup de peine. Je me voyais déjà travaillant avec ardeur et offrant au bon Dieu le fruit de mon travail pour l'église, en ce moment surtout que nous avons cette si intéressante famille de La F., et puis si j'avais pu faire quelque chose pour ma tante L. c'eût été un si grand bonheur! Enfin c'est fini pour le moment, peut-être ce sera pour plus tard.

« Après le premier moment de découragement, on éprouve toujours une certaine tristesse lorsqu'on s'est bercé d'une illusion et qu'elle s'anéantit tout à coup. Je me suis redressée, j'ai prié Dieu de me donner le moyen de bien occuper tout de même mon temps d'une façon sérieuse et utile, et maintenant je vois que ce qui est arrivé était certainement pour le bien.

« J'aurais moins soulagé maman pour le ménage et je n'aurais presque pu rien faire ni pour Marie, ni pour les pauvres, ni pour personne, et cela eût été bien regrettable.

« Je rapporte de l'ouvrage quand je vais à La F., et en ce moment j'ai des chaussettes à repriser; je rends, par le fait, grand service à cette pauvre famille. Je fais une œuvre charitable, et en travaillant pour les pauvres, je travaille pour Dieu même, je dois donc être satisfaite et remercier Notre-Seigneur de me permettre de le soulager dans la personne de ses membres souffrants. »

Jeudi, 30 mai.

« Qu'ai-je fait pour vous, mon Dieu, pendant deux jours? J'ai prié beaucoup et j'ai pleuré en vous suppliant de m'envoyer un peu de bien à faire si vous me voulez dans ce monde. Tout d'un coup une bonne inspiration est venue. Je la crois possible. C'est vous, Très Sainte Vierge, qui me l'avez inspirée. J'ai pensé à une œuvre de charité, et je voudrais prendre à ma charge une petite orpheline, subvenir à son entretien, lui remplacer enfin sa mère. Maman consent; ô mon Dieu! bénissez, je vous en prie, mes projets, faites que je n'aie pas une déception. O ma bonne mère! vous savez que mon intention est bonne, je désire faire du bien aux âmes. C'est un moyen, il me semble, si à cause de moi un pauvre petit enfant pouvait être élevé chrétiennement. Comme je serais heureuse! combien je vous remercierais, ô mon Dieu! Vous savez comme j'ai besoin d'occupation et d'une occupation qui soit utile, qui fasse du bien à quelqu'un; et néanmoins ma pauvre santé m'interdit un travail pénible, assidu; celle-là, il me semble, sans m'accabler, m'occupera beaucoup. J'aurai un but et c'est ce dont j'ai besoin. Je travaillerai alors avec plus de courage à la sanctification de mon âme, rien ne me donne de force comme la pensée que je peux être utile. Je veux prendre conseil avant, et je vous en prie, mon Dieu, ayez pitié de moi. Envoyez-moi ce dont j'ai besoin. Je veux encore réfléchir, car ce sera peut-être une charge un peu lourde; mais vous serez là, n'est-ce pas, mon Dieu? Faites que je donne, Seigneur, de mon dévouement, de mon affection, de mon bien-être, et tout cela pour l'amour de vous, et que mon cœur ne se ferme pas devant la misère d'autrui. »

Aux malheureux, Amélie Nitot donnait donc,

pour l'amour de Dieu, de son dévouement et de son bien-être, et elle s'élevait ainsi vers l'Auteur de toutes choses, portée sur les deux ailes de la charité : l'amour de Dieu et l'amour du prochain. Les infirmes, les délaissés et les méprisés du monde avaient ses préférences, et pour eux, autant que la prudence le permettait, elle se privait des objets dont elle pouvait disposer; elle allait même jusqu'à se dépouiller de ses vêtements en leur faveur.

Un jour, un pauvre infirme vint à sa présenter chez elle, et, chose rare, pour un motif quelconque, il ne reçut pas une aumône abondante. En voyant ce malheureux s'éloigner, Amélie sentit son cœur se gonfler de compassion. Toujours avec adresse elle remplit un petit panier de provisions, et se mit à la recherche de ce mendiant qu'elle trouva assis, assez loin, sur le bord de la route. Elle s'approcha de lui avec empressement et lui présenta tout ce qu'elle portait. Ce pauvre malheureux ne savait comment lui exprimer sa reconnaissance, et Amélie revint à la maison paternelle, enchantée du bien qu'elle avait fait à ce malheureux, à ce frère de Jésus-Christ.

Dans ses promenades, elle ne pouvait rencontrer un mendiant sans s'arrêter près de lui, le questionner affectueusement sur ses besoins et lui donner une petite offrande accompagnée de quelques bonnes paroles d'encouragement; elle a toujours fait preuve vis-à-vis d'eux d'une charité et d'une douceur inaltérables.

Que de familles qu'elle a secourues pendant de longues années sans jamais se lasser ni se rebuter! Un jour arriva dans le pays une famille d'étrangers. Inconnue dans la localité, elle n'excitait aucune pitié, aucune compassion. Sur ces entrefaites, la mère mit au monde un petit garçon; ce qui était encore une gêne de plus pour le pauvre ménage. Ce fut alors qu'Amélie redoubla de bonté pour eux; vêtements, provisions, elle leur donna tout. Elle ne s'épargnait aucune fatigue, malgré son état toujours maladif, pour aller les visiter, en dehors du village, dans une misérable hutte où elle était accueillie avec respect et bonheur, comme un ange que Dieu leur envoyait pour leur venir en aide.

Aussi avant de prendre son repos si bien gagné, elle s'agenouillait devant son crucifix pour remercier Dieu. Elle le remerciait de lui avoir donné de bons parents, de lui avoir fait trouver le bonheur dans l'accomplissement de ses devoirs de charité en soulageant une grande misère. Puis elle s'endormait du sommeil de l'innocence, visitée par les Anges de la charité. Ils souriaient à la jeune fille, et elle, ravie de donner ses vingt ans, sa candeur, ses espérances de bonheur aux déshérités de ce monde, formulait le vœu de ses premières années à la pension de Fontainebleau, en disant : Oui, mon Dieu, si vous le permettez, je serai à vous et aux pauvres, et dans le monde, sous un vêtement ordinaire, je serai fille de la charité.

Son zèle à secourir les malheureux était si

grand, que rien ne l'arrêtait. Bien que la marche lui fût pénible à cause de la maladie de cœur dont elle était atteinte, elle allait, quand cela était nécessaire, chercher elle-même à Coulommiers les médicaments pour ses chers malades de La F. Écoutons-la nous le dire elle-même dans son journal, qui était le dépositaire fidèle et discret de ses bonnes œuvres :

« Merci aussi des joies que vous m'avez envoyées, joies bien douces qui laisseront, je crois, une bonne impression dans mon âme. D'abord c'est le succès de notre neuvaine, et c'est vous surtout, ma bonne Mère, que je remercie pour cette insigne faveur. Voilà déjà un grand bonheur pour moi de penser que j'ai pu contribuer à sauver une âme ; ensuite je suis allée plusieurs fois à La F. J'ai pu secourir, consoler, encourager cette pauvre famille qui est si à plaindre. Ils m'ont donné des fleurs pour mettre à l'église ; ce sera une prière continuelle pour eux, et forcément, mon Jésus, en voyant à vos pieds les œillets splendides qui y sont déposés, vous serez forcé d'avoir pitié de ces pauvres gens, et vous les bénirez, n'est-ce pas? et vous guérirez leur âme et leur corps. Hier, je suis allée à Coulommiers leur chercher des médicaments. Il faisait bien chaud; mais, mon Jésus, je l'ai fait pour vous, je vous ai vu en leur place, et vous avez été content, j'espère. Ils étaient si heureux le soir à mon retour! Ils nous bénissent si souvent ces pauvres gens, que j'espère, ô mon Dieu! que vous leur rendrez la santé et que vous nous bénirez aussi. Quand je puis faire un peu de bien comme cela, je suis si heureuse, ô mon Jésus! il me semble que si j'avais plus de liberté pour donner aux pauvres, aux malades, à tout ce qui souffre, je ne désirerais rien sur la terre. Et alors je me dis : Dans nos pauvres campagnes si délaissées, oh! si une âme fervente pouvait consacrer sa vie au soulagement de tant de malheureux qui y languissent, comme elle pourrait faire du bien! Combien d'âmes seraient ramenées plus facilement au bien, à la vertu! »

Amélie s'en allait ainsi dans la vie répandant sur son passage les parfums de la vertu et de la charité comme le soleil répand la lumière, comme la fleur répand son parfum sans s'en apercevoir.

Tout naturellement elle aimait aussi à se rendre auprès des morts, pour prier auprès de leur couche funèbre, faire un examen sur la fragilité de la vie humaine et apprendre en face de la mort même qu'il n'y a ici-bas qu'une seule chose de nécessaire, c'est de sauver son âme.

Voici une de ses impressions à ce sujet, que nous avons recueillie dans ses petits écrits :

Boissy, 13 mars 1884.

MADEMOISELLE JAMAIS HÉLÈNE.

« Je l'ai vue, elle avait quatre-vingt-un ans. Elle était pâle, un peu jaune. Un voile très clair lui couvrait la figure, mais on distinguait bien ses traits. Son œil droit était entr'ouvert, une goutte de sang était au coin de sa bouche, et une autre goutte de sang s'était figée à ses narines. Mon Dieu, quelle impression ! Son corps était étendu sur le lit, un drap la couvrait et un crucifix était sur sa poitrine. Un cierge seul restait constamment à côté d'elle, un peu d'eau bénite, une branche de buis.

« Elle a tout laissé, parents, amis, joies de la terre et Dieu l'a jugée sur chaque moment de son existence...

« Mon Dieu, ayez pitié de moi ! J'ai maintenant dix-huit ans. J'ai tout pour être bonne, pieuse, chrétienne enfin, je ne le suis pas. Oh ! Sainte Marie, priez pour moi, veillez sur votre enfant. Faites qu'elle présente beaucoup de bonnes actions à Dieu au jour de sa mort, car je mourrai, moi aussi. Mon Jésus, miséricorde ! Faites que je change dès aujourd'hui.

« Ma bonne Mère, je voudrais pour tous mes

parents, quand la mort me les enlèvera, une sainte et pieuse mort. Conservez-les-moi longtemps, bien longtemps.

« Je vous donne ma mère chérie, ma sœur, conservez-les ; gardez-moi bien longtemps cette si bonne, si pieuse, si tendre mère. Faites que tous nous vous aimions, ô mon Dieu ! et que pour nous la mort ne soit que le commencement d'une vie meilleure, d'un bonheur sans mélange où nous ne nous quitterons plus jamais.

« Mon Dieu, faites que l'impression que j'ai ressentie en voyant cette morte me reste toujours et soit pour moi une leçon salutaire, et quand je serai sur le point de mal faire, que je me rappelle ce corps jaune, froid, délaissé et que je revienne aussitôt à vous.

« AMÉLIE. »

TROISIÈME PARTIE

CHAPITRE VIII

PROGRÈS DE LA MALADIE
DERNIERS JOURS D'AMÉLIE, COMMUNION
EXTRÊME-ONCTION

EPUIS longtemps, la maladie de cœur dont était atteinte Amélie faisait de rapides progrès malgré les soins dont elle était entourée et les consultations d'un des grands docteurs de Paris. Bien que sa figure restât toujours la même, ses parents et ceux qui l'entouraient s'apercevaient du changement notable qui s'opérait en elle. C'est que physiquement la pauvre enfant était très éprouvée. Quelle vie que la sienne depuis longtemps! Des nuits agitées, des étouffements causés par son mal, un affaiblissement progressif et un malaise continuel; et par-dessus tout cela, l'ennui d'avoir à prendre des remèdes sans fin, de suivre des traitements dont la variété fatiguait au lieu de produire l'amélioration attendue. Voilà quel était son état, depuis un an surtout.

Moralement, sa situation était encore plus pénible. Si elle demandait à ses livres, à la couture, aux soins du ménage, une diversion à son mal, bientôt, ses forces ne secondant plus son courage, elle était obligée de quitter l'ouvrage commencé et se trouvait ainsi forcément ramenée à la réalité de sa position. Ainsi, peu à peu, le mal augmentait et tout faisait présager que bientôt elle quitterait cette terre pour aller vers son Dieu qu'elle avait tant aimé et si bien servi. C'était un ange qu'il avait prêté au monde pour donner l'exemple des vertus que doit pratiquer toute jeune fille chrétienne.

Elle possédait la première de toutes les dévotions, l'amour le plus vif pour l'Eucharistie, pour le Cœur Sacré de Jésus. De plus elle était enfant de Marie et revêtue du Saint Scapulaire. Son dévouement à la cause de l'Église et au salut des âmes était sans bornes, sa charité pour le pauvre en qui elle voyait Jésus-Christ lui-même était ardente. Elle était mûre pour le ciel, aussi Dieu avait hâte de cueillir son âme si belle et si sainte pour en orner sa cour.

La dernière fois qu'elle eut le bonheur de venir à l'église, ce fut le jour de la Toussaint. Dans la matinée elle s'était approchée des Sacrements avec sa ferveur accoutumée. A la grand'messe, malgré son peu de forces, elle prit part aux différentes cérémonies; et ce fut d'une voix vibrante qn'elle chanta avec ses compagnes ce cantique qui était bien l'écho des désirs de son âme :

O ciel, ô ma patrie,
Quand viendra l'heureux jour
Où mon âme ravie
Te verra pour toujours?

O régions si belles,
Où tout comble mes vœux,
Ah! que n'ai-je des ailes,
Pour m'envoler aux cieux!
Ah! comblez mon attente
En m'attirant à vous.
Mon âme languissante
Ne désire que vous.

Cependant elle eut toutes les peines du monde à rester jusqu'à la fin de l'office. De retour à la maison paternelle, elle fut saisie d'une grande faiblesse et obligée de renoncer à son projet d'assister aux vêpres. Tout à coup, sa foi triomphant de son mal : Non, dit-elle, ne pas aller aux vêpres un jour de Toussaint, ce n'est pas possible, j'irai quand même.

Par un effort suprême de sa volonté, elle lutta contre son mal et se rendit à l'église. De temps en temps, pour se redonner de la voix et pour triompher de ses souffrances, elle avait soin de respirer de l'éther. Pendant le chant des cantiques, sa voix, comme à la messe, redevint forte et dominait celle de ses compagnes, à l'étonnement des assistants qui, connaissant l'état de sa fragile santé, avaient les larmes aux yeux à la pensée que la mort allait bientôt la saisir; ils étaient émerveillés de sa foi et de son courage.

Elle ne put cependant suivre la procession au cimetière avec ses compagnes. Mais avant de quitter le lieu saint, elle alla, selon son habitude, prier à l'autel de la Vierge. C'est à ce moment-là qu'il lui fut pour ainsi dire révélé que c'était la dernière fois qu'elle venait à l'église. Alors elle eut beaucoup de peine à se détacher de l'autel où elle resta longtemps agenouillée, où elle pleura. Arrivée à la porte de sortie, elle se retourna une dernière fois pour regarder l'autel de la Vierge qu'elle ne devait plus revoir. C'est elle-même qui, dans le courant de janvier, se sentant de plus en plus faible, en fit la communication à sa mère.

Ces tristes pressentiments ne devaient pas tarder, hélas! à se réaliser. Ses souffrances augmentant toujours, elle fut obligée de garder la chambre pendant deux mois avec des alternatives de bien et de mal. Dans le courant de décembre, surtout, l'enflure fit des progrès considérables, quand, le samedi 2 janvier, une crise terrible éclata. Le lendemain, dimanche, une consultation eut lieu, et les médecins déclarèrent qu'il fallait s'attendre à une issue fatale dans le courant même de la journée ou de la nuit suivante. Seule, la sainte enfant ne perdit pas courage et ne fut nullement épouvantée; elle paraissait savoir, à n'en pas douter, par une voix mystérieuse, que sa dernière heure n'était pas encore venue. Effectivement, le mal diminua, et une telle amélioration se produisit dans tout son être que, jusqu'au 15 janvier, on ne désespérait pas de la sauver. Son père, sa mère, ses parents, ses amis avaient repris courage et se berçaient de la douce illusion de la voir revenir à la santé avec le temps. Mais ce n'était, hélas! qu'un vain espoir; le mal qui devait l'emporter allait revenir plus terrible que jamais!

Le dimanche 24 janvier, elle reçut, assise dans son fauteuil, Notre-Seigneur dans la Sainte Eucharistie avec de grands sentiments de ferveur; dans ces précieux instants son âme parut s'anéantir dans le feu de l'Amour divin. Au moment de la grand'messe, malgré son état de souffrances si pénibles, elle prit part, de sa chambre de recluse, aux prières de la messe; cela lui était assez facile, n'étant séparée de l'église que par une rue. Dans l'après-midi, la fenêtre de sa chambre étant ouverte au moment du cantique de la Confrérie, elle l'écouta avidement et se mit à le chanter, de sa voix toujours limpide, pour s'unir à ses compagnes. Avec la plus grande joie elle chanta pour la dernière fois ce cantique à la Sainte Vierge :

Vierge, étoile des mers,
Levez-vous sur ma tête,
Calmez les flots amers
Et chassez la tempête.

Donnez-nous un cœur pur,
Sainte Vierge Marie,
Et par un chemin sûr
Menez-nous à la vie !

Et quand il fut terminé, elle s'écria : « Que c'est beau, que c'est beau de chanter les louanges de Marie ! » Une mère de famille se trouvant alors auprès d'elle, elle l'exhorta vivement à envoyer toujours ses enfants à la Confrérie.

Le lundi 25, elle paraissait, comme à son ordinaire, heureuse et contente quand, vers le soir, elle fit appeler son père qui pour le moment était absent de la maison, et parla ainsi à ses bien-aimés parents pour leur révéler les secrets de son cœur :

« Mes parents chéris, il y a un mois vous m'avez pleurée, vous avez pensé que c'était ma fin. Mais moi, je ne m'inquiétais pas ; je savais bien que ce n'était pas mon heure, j'ai tant prié le bon Dieu de me la faire connaître. Il me l'a fait connaître ; c'est maintenant, c'est peut-être pour cette nuit.

Aussi avant de lui rendre mon âme, je tiens à vous demander pardon des peines que j'ai pu vous faire pendant ma vie. »

A ces paroles si touchantes, ses parents fondirent en larmes et la supplièrent de ne pas tant se fatiguer, mais Amélie, voulant absolument leur faire connaître ses dernières volontés, reprit sur un ton de voix ferme et décidé :

« Il faut avoir du courage puisque Dieu en décide autrement ; et prenant ses parents dans ses bras elle ajouta :

« J'aurais tant désiré vivre pour vous ! Depuis longtemps je m'étais consacrée à Dieu et à vous. Mais je n'ai pas d'inquiétude ; vous resterez toujours de bons chrétiens, afin que nous puissions nous retrouver tous un jour au ciel.

« Maintenant voici mes dernières volontés : le docteur a été très bon pour moi pendant tout le temps de ma maladie, je désire qu'on aille le chercher pour que je puisse le remercier. »

La pieuse enfant, en agissant ainsi, avait un but digne de sa grande piété, c'était de prouver qu'une âme véritablement chrétienne est toujours reconnaissante des bontés que l'on a eues pour elle.

« En mon nom vous remercierez les personnes qui ont bien voulu faire quelque chose pour moi ou qui se sont intéressées à ma position.

« Je suis chrétienne, je veux une cérémonie religieuse en rapport avec ma foi. Je veux être enterrée à Boissy, j'aime Boissy. »

Après avoir dit ces paroles, elle fit approcher de son lit les deux personnes qui aidaient sa mère à la soigner pour les remercier elle-même et leur demander pardon des petites vivacités qui avaient pu lui échapper. Ensuite à différentes reprises, elle les conjura d'être toujours de bonnes chrétiennes pour qu'elles puissent un jour se retrouver au ciel.

Me trouvant alors dans la maison, je montai rapidement à la chambre de la malade. En me voyant elle demanda à se confesser de nouveau et me pria de lui donner le sacrement de l'Extrême-Onction. Je revins à l'église pour y prendre les saintes huiles et je retournai précipitamment. Grande était mon émotion, en approchant de l'appartement où je craignais d'arriver trop tard. Heureusement il n'en était rien. Elle reçut le sacrement des mourants avec la plus grande dévotion, suivant très attentivement, malgré ses souffrances aiguës, les prières de la liturgie. Elle paraissait accepter ce sacrement comme un remède pour fortifier son âme et son corps. Ensuite elle me demanda l'indulgence plénière.

En ce moment, éprouvant une grande faiblesse, Amélie voulut être transportée sur son fauteuil pour changer de position. Au bout de quelques instants, elle se sentit mieux. Ses souffrances s'étant apaisées, le reste de la nuit fut assez calme et la journée du mardi relativement bonne.

Mais une crise terrible éclata mercredi, vers une heure du matin, précédée d'une si grande faiblesse accompagnée d'étouffements que la chère malade pensait être arrivée à sa dernière heure.

Alors un fait étrange se produisit en elle. Autant elle était tranquille quelques heures auparavant, autant elle était maintenant anxieuse et tourmentée. Sa figure amincie par de si longues souffrances prit tout à coup une expression de tristesse et d'angoisse. Elle poussait des gémissements plaintifs contre son habitude, elle qui souffrait toujours avec tant de courage sans se plaindre. Elle semblait en un mot lutter contre un ennemi invisible. Se tournant vers sa mère elle lui dit : « Man Ienne, man Ienne, dis-moi, y a-t-il un paradis, y a-t-il un paradis ? » Sa mère aussitôt lui présenta son crucifix en lui répondant : « Oui, ma fille, il y a un paradis », et l'engagea à ne pas se tourmenter, mais à avoir confiance en Dieu qu'elle avait toujours aimé.

Elle eut alors un peu de repos. Mais toujours obsédée par ce doute terrible, elle me fit appeler. Aussitôt que je fus entré dans sa chambre, elle m'annonça que sa fin était proche, et me regardant avec effroi, elle me jeta en tremblant ces paroles : « Monsieur le curé, dites-moi, y a-t-il un paradis, y a-t-il un paradis? »

Je fus étonné et surpris : « Oui, Amélie, il y a un paradis où vous irez bientôt voir le Bon Dieu et la Sainte Vierge, la Sainte Vierge dont vous avez chanté les louanges, et les paroles du cantique que vous connaissez si bien :

J'irai la voir un jour
Au ciel, dans la patrie,
Oui! j'irai voir Marie,
Ma joie et mon amour.

vont se réaliser pour vous.

Sous l'influence de ces paroles si encourageantes, elle se rassura et ses tentations contre la foi s'évanouirent instantanément [1].

Se croyant arrivée à son dernier moment, elle me pria ensuite avec beaucoup de fermeté de lui réciter les Litanies de la bonne mort. Elle suivit ces prières avec beaucoup d'attention, regardant toujours le crucifix placé devant elle. A chaque supplication, elle répondait elle-même avec un accent pénétré : Miséricordieux Jésus, ayez pitié de moi. Il faut l'avoir vue dans cette circonstance pour se faire une idée de sa vaillance et de sa foi.

Bien qu'elle se rendît compte des progrès du

1. Dans cette épreuve si pénible, bien qu'elle fut de courte durée, la sainte enfant eut beaucoup à souffrir. Le démon voulait se venger de sa fidélité si constante au service de Dieu en jetant le trouble, l'inquiétude dans son âme. Mais bientôt sa foi se raffermit et lui fit produire les plus beaux sentiments de soumission à la volonté de Dieu toujours adorable. En cela rien ne doit nous surprendre; car le Bon Dieu permet quelquefois ces sortes d'épreuves pour purifier davantage les âmes qui leur sont chères et accroître leur mérite.

Cette sorte de tentation est assez commune, elle peut être la fin d'une vie très sainte, mais très courte, car quelques instants de tentation suffisent pour remplacer des années de mérite.

mal, elle ne pouvait se faire à la pensée de quitter ses chers parents et ses amis. A cause de ces doux liens qui la rattachaient à la vie, elle aurait voulu guérir. Aussi elle avait toujours conservé le secret espoir que Notre-Dame de Lourdes en qui elle avait toujours eu une grande confiance obtiendrait de son divin Fils sa guérison et lui rendrait la santé. Alors, recueillant ce qu'elle avait de foi et d'énergie, elle me dit : « Monsieur le curé, il me vient une idée. Si je me levais de mon fauteuil et si je demandais à Notre-Dame de Lourdes ma guérison, qu'en penseriez-vous? serait-ce de l'orgueil ? » Convaincu moi-même que la Vierge des roches de Massabielle qui a fait tant de prodiges en guérissant des malades, se laisserait toucher par les prières, les désirs de la pieuse enfant, je lui répondis : « Amélie, faites-le, je vous approuve. » Aussitôt, par un effort suprême de sa volonté, elle se leva de son fauteuil et demanda un verre d'eau de Lourdes. Prenant son crucifix de la main gauche, et le verre de la main droite, elle fit le parcours de sa chambre en s'arrêtant plusieurs fois et en disant à chaque arrêt d'une voix forte : Notre-Dame de Lourdes, guérissez-moi ! Notre-Dame de Lourdes, guérissez-moi ! En même temps elle embrassait son crucifix et absorbait une gorgée d'eau de Lourdes. Je la suivais pour la soutenir dans le cas où elle serait tombée sur le parquet. Son père et sa mère, témoins de son courage véritablement surhumain, étaient stupéfaits de voir debout et marchant leur chère enfant qu'ils étaient obligés de soutenir à chaque instant dans son fauteuil. Ayant ainsi fait le tour de sa chambre, elle s'arrêta devant sa cheminée, et là, toujours debout sur le marbre, après avoir embrassé la statue de Notre-Dame de Lourdes, elle s'écria : « J'ai froid aux pieds. » Nous avions tous l'espoir dans une intervention du ciel. Mais ce fut en vain.

La malade ne se découragea pas devant cet insuccès, et me dit : « Monsieur le curé, votre intention de la messe de ce matin est-elle libre?

Dites-la en l'honneur de la Sainte Vierge pour ma guérison. » Je me rendis avec empressement au vœu de la mourante.

Nous ne fûmes pas exaucés, Dieu voulait Amélie pour lui au milieu de ses anges et de ses saints.

La crise s'était encore une fois apaisée pour recommencer vers huit heures du matin. Mais alors ses souffrances étaient moins violentes, elle semblait attendre la mort avec calme et résignation. Ses yeux allaient continuellement de son crucifix à l'image de la Sainte Vierge, on voyait qu'elle priait intérieurement...

Mais le moment de sa mort n'était pas encore venu. A cette crise succéda une journée plus calme. Cependant, vers le soir, elle eut une grande fièvre accompagnée d'un tel délire qu'elle dit au docteur, qui vint dans la soirée : « Pourquoi êtes-vous ici ? Qui donc est malade ? Pourquoi ces figures attristées ? Que se passe-t-il ? » Et se tournant vers sa mère elle lui dit : « Ma petite mère chérie, je t'en prie, dis-moi la vérité. Je vois bien que l'on me cache quelque chose. » Sur la réponse du docteur que c'était pour elle qu'il était venu et sur les questions qu'il lui fit sur son état, elle parut revenir à la réalité, et quand il prit congé d'elle, elle lui tendit la main en signe d'adieu et le remercia de nouveau. La nuit qui suivit fut calme et tranquille.

Le jeudi matin le docteur, à son arrivée, constata une augmentation de faiblesse et prévint la famille qu'une nouvelle crise était à redouter. Néanmoins notre chère malade se trouvait bien, et chaque fois qu'on lui demandait dans le courant de la journée comment elle se trouvait elle répondait avec beaucoup de calme : « Je suis très bien, je ne souffre pas. » Mais sa mère qui l'observait avec soin s'apercevait à certains signes qu'une crise fatale était sur le point d'éclater. Ses yeux étaient ardents et profonds, son teint enflammé, sa respiration haletante, presque toujours accompagnée d'une petite toux sèche; en un mot tout annonçait la fin. Cependant Amélie ne paraissait pas s'apercevoir de la gravité de son état, elle était calme et souriante. Et plusieurs fois, elle dit à sa mère qui avait peine à cacher sa douleur : « Ma petite mère chérie, pourquoi t'affliges-tu? je t'assure que je suis bien, que je ne souffre pas. »

Sauf ces particularités qui étaient, hélas! trop significatives, la journée se passa sans crise, mais la nuit qui suivit fut terrible. Comme les fois précédentes, c'était sa mère et Mme X. qui devaient la veiller la première partie de la nuit. La malade ne put trouver de repos. Si elle s'assoupissait un instant, il lui semblait qu'elle tombait dans un précipice.

Vers dix heures elle appela sa mère qui, épuisée de fatigues, s'était endormie, pour lui dire : « Ma petite mère, ne vois-tu pas comme je m'enfonce dans ce lit? je t'en prie, porte-moi sur le tien. » Avec l'aide de la garde-malade, sa mère s'empressa de la satisfaire. Mais ce fut en vain, le malaise allait toujours croissant. Amélie comprit alors que c'était une nouvelle crise qui s'approchait, et peut-être la dernière. Elle pria sa mère de lui donner son crucifix et de tenir devant elle l'image de la Sainte Vierge. Alors, rassemblant tout ce qui lui restait de force et d'énergie, elle se mit à prier à haute voix, en faisant signe à sa mère de s'unir à elle pour supplier le bon Dieu et la Sainte Vierge de la guérir, si toutefois sa guérison entrait dans les desseins de la volonté divine.

Malgré son grand courage ses forces s'épuisaient visiblement. Sa voix était devenue faible et plaintive, plus de bonne place, plus de repos nulle part...

Il avait été convenu qu'elle devait communier vendredi, vers huit heures du matin. Mais se voyant arrivée à toute extrémité, elle voulut hâter le moment où elle pourrait s'unir au Dieu de l'Eucharistie qu'elle avait tant aimé, en disant à sa mère : Si l'on attend, je crains que ce ne soit trop tard.

Elle m'envoya chercher de suite. J'arrivai aussitôt dans la chambre de la malade en ayant avec moi le Dieu-Sauveur. Elle le reçut avec tant de respect et d'amour, qu'en la considérant, en entendant les paroles qui s'échappaient de ses lèvres, on l'eût prise pour une sainte. Tout son extérieur respirait le plus grand amour de Dieu; on sentait, malgré son vif désir de guérir, qu'il n'y avait dans son cœur que soumission sans réserve à la volonté divine.

Tous nous étions vivement émus à la vue de tant de foi et d'amour. Elle demanda alors à ceux qui l'entouraient de s'unir à elle pour demander à Notre-Seigneur sa guérison et nous pria de réciter à cet effet l'Oraison dominicale. Arrivée à ces paroles si touchantes : délivrez-nous du mal, elle les prononça avec tant de confiance qu'il semblait qu'elle attendait de la part du ciel un soulagement à ses souffrances.

Pour toujours entretenir dans son âme la ferveur et l'amour je lui proposai de dire un Ave

Maria, ce qu'elle accepta avec empressement. Après s'être recueillie un instant, et avertie sans doute par une voix du ciel, elle comprit qu'elle devait se soumettre et faire à Dieu le sacrifice de sa vie... Tout à coup — il était évident qu'un combat terrible se livrait alors dans son cœur — elle s'écria d'une voix entrecoupée de sanglots où l'on sentait le déchirement de son âme à la pensée de quitter ceux qui lui étaient si chers :

« Est-ce possible, est-ce bien possible, mon Dieu, que vous le permettiez? et aussitôt.... Eh bien, mon Dieu, j'accepte le sacrifice. » Se tournant alors vers son père et sa mère qui la soutenaient sur son lit, elle leur dit : « Mes parents chéris, acceptez le sacrifice; c'est la volonté du bon Dieu; — et voyant leur douleur, elle ajouta : ... Courage, mes bien-aimés parents, nous nous retrouverons un jour au ciel. Et vous aussi, monsieur le curé, je vous reverrai. » Elle n'oublia même pas les autres personnes présentes, elle les engagea fortement d'être toujours fidèles à Dieu et à la religion; Amélie faisait ainsi de son lit une chaire de sagesse chrétienne. Nous étions tous consternés : elle seule ne se troubla pas. Tout le monde pleurait auprès d'elle, mais elle restait calme.

Cette longue crise avait épuisé ce qui pouvait encore lui rester de forces. Sa poitrine était haletante, sa respiration faible et bruyante, en un mot elle étouffait. Une sueur froide et abondante se répandait sur tout son corps, son visage et ses mains étaient glacés. Elle demanda alors de changer de position. On s'empressa de la porter sur son fauteuil, mais là comme dans son lit, elle n'eut pas de soulagement.

Quand plus tard, vers huit heures du matin, le docteur vint comme à l'ordinaire, elle lui dit en l'apercevant : « Voyez, je suis inondée des sueurs de la mort; c'est la fin, n'est-ce pas? » Le docteur voulut encore la rassurer, mais elle lui fit signe qu'elle avait conscience de sa position, qu'elle savait bien que sa fin était proche. Le docteur en se retirant dit à M. Nitot : « Pauvre enfant! c'est une longue et cruelle agonie, mais qui va bientôt finir. »

Et peu d'instants après, attirant son père et sa mère dans ses bras, elle leur dit : « Mes parents chéris, je veux mourir entre vous deux, dans vos bras », et elle les embrassait avec transport. A ce moment elle appela sa sœur : « Marie! Marie! Charles! et vous tous que j'aime tant, soyez de bons chrétiens, afin que je vous revoie un jour. » Elle nomma aussi plusieurs autres membres de sa famille et offrit à Dieu ses souffrances, qui en ce moment étaient atroces, pour obtenir une fin chrétienne à un de ses parents dont l'état était désespéré. Elle voulut ensuite embrasser les personnes présentes qui lui avaient montré tant de dévouement pendant sa maladie.

Et s'adressant à moi, elle me dit : « Monsieur le curé, vous prierez pour moi et vous me direz des messes. Vous consolerez mes parents chéris. »

A mon tour je lui adressai ces paroles : « Amélie, bientôt vous allez voir le bon Dieu et la Sainte Vierge que vous avez tant aimés! Quand vous serez auprès de Dieu, ne m'oubliez pas. Vous prierez pour la paroisse; vous prierez pour moi aussi, et partout où j'irai. » A toutes ces demandes elle me répondit d'une voix ferme et résignée : « Oui, monsieur le curé. »

Pendant tout ce temps, elle tenait sans cesse son crucifix à la main et l'embrassait fréquemment en disant d'un ton pénétré : « Mon Dieu, je crois! mon Dieu, je crois! » C'était le cri de son âme si croyante, si fidèle. Et quand, ses forces épuisées, le crucifix lui échappa des mains, elle pria son père de le tenir toujours devant elle et de faire lui-même le signe de la croix sur elle.

Mais ses forces diminuaient visiblement, sa respiration devenait de plus en plus difficile. Alors, faisant un effort surhumain, elle prit son crucifix des mains de son père, et en élevant les bras vers le ciel, elle s'écria : « *Je suis heureuse!*

Je suis heureuse! mon Dieu, je vais vous voir, je vous ai tant aimé ! »

Son visage prit alors une expression de joie céleste; il faut avoir été témoin de cette sorte d'extase, pour s'en rendre compte.

Un instant après, elle eut une sorte de convulsion, elle se renversa dans les bras de son père. Nous crûmes que tout était fini : il n'en était rien. Elle resta alors quelque temps sans parole. Peu à peu le calme revint et elle demanda à être remise sur son lit. Elle se plaignait de vives douleurs dans les jambes que sa mère cherchait à apaiser par des frictions continues.

La crise était encore une fois passée. Cependant elle ne pouvait rester en place. Toutefois un mieux relatif s'était encore une fois de plus produit. Aussi la chère malade, délivrée de cette cruelle agonie, se sentait renaître à la joie, à l'espérance.

Vers onze heures elle pria sa mère de lui faire sa toilette comme à l'ordinaire, et pendant tout ce temps elle ne cessa de sourire et de causer en agrémentant sa conversation de petits mots plaisants. Ensuite elle demanda à la garde-malade d'aller lui chercher un petit potage qu'elle prit avec bonheur, en disant : « Tu vois, ma petite mère chérie, cela ne me fait pas de mal, tu pourras m'en donner à l'avenir. » Bientôt après succéda une soif ardente.

Cependant le reste de la journée, elle garda la même gaieté et ne pensait plus à la mort qu'elle avait vue de si près. Mais ceux qui étaient auprès d'elle s'apercevaient bien de sa grande faiblesse et de ses étouffements. Sans doute Dieu, satisfait de sa résignation si complète, voulut lui épargner le côté poignant de la suprême séparation en lui cachant l'approche de la mort. Elle eût tant souffert dans son cœur, la chère enfant, si elle avait eu conscience de ses derniers moments, à la pensée de quitter sa mère et sa famille.

Vers onze heures de la nuit, elle demanda à être remise sur son grand lit, en disant que dorénavant on ne la changerait plus; ensuite elle absorba un petit grog à l'orange, boisson qu'elle trouva d'autant plus délicieuse qu'elle la partageait de moitié avec sa mère, et lui dit : « Ma petite mère chérie, comme cela est bon, comme cela me fait du bien! » Puis elle posa sa tête sur l'oreiller pour tâcher de s'endormir.

Après avoir goûté quelques instants de repos, elle se dressa subitement sur son séant en disant à la garde-malade d'une voix précipitée : « Ouvrez vite la fenêtre! j'étouffe! de l'eau! de l'éther! » Sa mère, réveillée, accourut aussitôt auprès de la mourante. Mais Amélie ne la reconnut pas; elle étendit les bras en forme de croix et sa tête retomba aussitôt sur son oreiller. Elle venait de s'endormir du sommeil des justes.

C'était un vendredi, le 29 janvier 1892. Minuit allait bientôt sonner.

Notre-Seigneur en l'appelant à lui un vendredi ne voulait-il pas la récompenser de sa grande dévotion à son Sacré Cœur, et donner à sa famille éplorée le gage visible et bien consolant que le cher ange n'avait quitté cette terre que pour s'envoler au ciel ?

CHAPITRE IX

SES FUNÉRAILLES. — CONSOLANTS SOUVENIRS

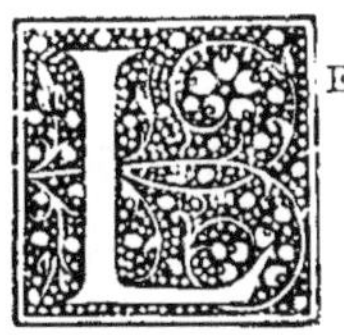E sacrifice étant accompli, aussitôt que l'annonce de la mort d'Amélie Nitot se fut répandue dans le village, un cri général retentit de tous côtés : Une sainte est morte! une sainte est morte!

De suite, à la maison mortuaire affluèrent de nombreux visiteurs, émus et recueillis. Avec le plus grand respect ils s'approchaient de la dépouille mortelle pour s'édifier à la vue de cet ange de la terre devenu ange des cieux. On rappelait sa réserve, sa modestie, sa grande piété, son amour pour les pauvres et son affection pour sa mère et tous les membres de sa famille; on se mettait à genoux et l'on priait...

Dans cette chambre devenue pour ainsi dire un sanctuaire, tout impressionnait fortement. On voyait étendue sur sa couche virginale une admirable enfant revêtue d'une robe blanche, enveloppée d'un long voile, ayant ses mains entrelacées d'un chapelet. Sur sa poitrine, avec un crucifix, brillait sa médaille d'Enfant de Marie qu'elle aimait par-dessus tout.

Ainsi placée sur ce lit où elle avait tant souffert, Amélie paraissait encore souriante. La mort, au lieu de défigurer sa charmante physionomie, n'avait fait que l'embellir et lui donner une sorte de charme indéfinissable. Aussi, quand sa sœur entra dans sa chambre, elle fut saisie d'un sentiment de respect et d'admiration mêlée à sa grande douleur, et, croyant avoir devant elle un ange, elle s'écria : « O ma sœur chérie, que tu es belle! tu es bien heureuse! »

Même après sa mort, comme de son vivant,

elle élevait les âmes, les cœurs vers Dieu. On ne la quittait qu'avec le désir de bien vivre pour mériter, comme elle, une fin heureuse.

Bien des gens s'étaient offerts pour veiller, regardant comme un privilège le bonheur de passer un temps considérable auprès de la chère défunte. Mais la famille ne voulant s'en séparer qu'à la dernière heure, ne crut pas devoir accepter. Cet empressement ne doit pas étonner; depuis longtemps on avait su apprécier les qualités morales, les vertus d'Amélie.

Ses compagnes de la Confrérie, douloureusement émues, se hâtèrent de venir s'agenouiller auprès d'elle. De son vivant, elle les avait subjuguées par le charme de sa piété et de toute sa personne, bien qu'elle fût toujours réservée et modeste. Aussi s'approchèrent-elles de leur amie avec respect, mêlant à leurs larmes les expressions les plus sincères de regret et d'affection. Elles comprenaient la grande perte qu'elles venaient de faire; en effet, elles avaient perdu celle qui était l'âme de l'association et qui leur avait donné l'exemple de toutes les vertus. Aussi pour témoigner d'une manière spéciale de leurs regrets et de leur affection, elles se cotisèrent pour lui acheter une très belle couronne; ce qui ne les empêcha pas de contribuer encore pour l'achat de celle offerte par les demoiselles de la paroisse.

Les petites filles du catéchisme ne restèrent pas en arrière dans ce concert unanime de regret et de sympathie. A l'exemple de leurs aînées, elles lui firent le même présent pour la remercier des cantiques qu'elle leur avait appris peu de temps avant sa mort.

Soir et matin, ses parents et ses amis se faisaient un devoir bien doux de venir auprès de sa couche funèbre faire la prière et réciter le chapelet. Auprès d'elle, on priait mieux, et tout en priant pour le repos de son âme, on se sentait porté à l'invoquer pour soi-même, car, pensait-on, ce Jésus qu'elle avait tant aimé sur la terre, devait déjà l'avoir admise au séjour des bienheureux; et ainsi à son tour, elle était devenue une vraie protectrice pour ceux qu'elle avait aimés ici-bas.

Les funérailles eurent lieu le mardi 2 février, fête de la Purification de la Sainte Vierge.

Onze heures avaient à peine sonné à l'église de la paroisse, que toute la rue était remplie de monde. On saisissait sur tous les visages une empreinte inaccoutumée de tristesse et de regrets. La foule, comprenant qu'elle allait conduire à sa dernière demeure une jeune fille privilégiée, qui avait été favorisée par le divin Maître de grâces particulières, se tenait dans le plus grand silence et assistait avec piété à l'organisation du cortège.

En tête apparaissait la bannière de la Sainte Vierge, portée par les compagnes qu'Amélie avait elle-même désignées quelques jours avant sa mort. Derrière la croix, s'avançait le clergé. M. le curé d'Aulnoy, par sa présence, avait voulu donner à la famille un gage de sa bienveillante sympathie, et rendre hommages aux vertus de celle que tout le monde pleurait. Ensuite suivait la bière portée par des jeunes filles vêtues de blanc.

Ce jour-là l'Église, à l'introït, chantait ces paroles : *Suscepimus, Deus, misericordiam tuam in medio templi tui : secundum nomen tuum, Deus, ita et laus tua in fines terræ :* « Nous avons reçu, ô mon Dieu, l'objet de votre miséricorde au milieu de votre temple; votre gloire, Seigneur, égale à votre nom, s'étend jusqu'aux extrémités de la terre. » Ce chant était tout à fait de circonstance, car les louanges que l'on avait pour la chère défunte remontaient à Dieu auteur de tout don, qui avait comblé de ses grâces cette enfant bénie.

L'église, plus que comble, était insuffisante pour contenir le monde. Cependant durant la célébration du saint sacrifice, le recueillement le plus profond ne cessa de régner un seul instant; il semblait que l'ombre de la défunte planait pour ainsi dire sur tous les assistants.

L'office terminé, on se dirigea vers le cimetière, toujours dans le même ordre et le même silence. Quand on y fut parvenu et que les prières pour la sépulture eurent été dites, deux discours furent prononcés pour adresser un dernier et suprême adieu à la sainte enfant : l'un, au nom de la Confrérie de la Sainte Vierge; l'autre, au nom des demoiselles de la paroisse.

Ces discours, on les lira avec intérêt et émotion :

« Avant que cette tombe se referme sur celle qui fut le modèle de toutes les vertus, je viens au nom des membres de la Confrérie de la Sainte Vierge lui adresser un dernier adieu.

« Amélie Nitot que nous pleurons aujourd'hui, avait su s'attirer, par sa douceur et sa bonté, l'affection de tous ceux qui la connaissaient. Nous avons pu apprécier, en maintes circonstances, les rares qualités de son cœur. Douée d'une âme compatissante, elle ne se plaisait qu'à faire le bien, et elle était la providence des pauvres de la commune.

« Sa santé, de plus en plus chancelante, ne lui permettait plus depuis quelques mois de les visiter, mais elle ne les oubliait pas et s'informait sans cesse de leurs besoins, les secourant encore.

« C'était une pieuse et sainte compagne que nous ne pourrons jamais trop regretter. Cette chère Amélie était trop parfaite pour que Dieu voulût la laisser longtemps ici-bas. Il l'a reprise, et du haut du ciel où il l'a placée, elle le priera de consoler ses parents éplorés de cette séparation si terrible, mais pas éternelle !

« Adieu, chère et bonne compagne, nous tâcherons de marcher sur vos traces, afin d'aller un jour vous retrouver dans la céleste patrie. »

« Chère Amélie,

« Au moment de la séparation suprême, nous ne voulons pas vous quitter sans vous dire nos adieux et nos plus vifs regrets.

« Vous avez été pour nous si bonne, si prévenante, vous nous avez donné de si beaux exemples de vertu, que nous ressentons au fond de nos âmes une tristesse profonde. Aussi votre souvenir sera toujours vivant parmi nous. Bien souvent notre pensée ou plutôt nos cœurs iront vous trouver là haut, dans la céleste patrie où vous avez été admise.

« En retour des impérissables souvenirs que nous sentons au fond de nos âmes pour vous, nous vous demandons de prier du haut du ciel pour tous les habitants de Boissy et en particulier pour toutes les jeunes filles de la paroisse, afin que comme vous, Amélie, nous méritions d'aller au ciel.

« Adieu, chère et sainte Amélie, ou plutôt au revoir dans un monde meilleur. »

La foule, vivement impressionnée, se retira ensuite lentement, emportant avec elle de salutaires et saintes émotions.

Que pourrions-nous ajouter encore après ce qu'on vient de lire? Notre tâche est donc finie. Laissons la parole aux personnes amies de la famille qui, en écrivant à M. et à Mme Nitot ou à sa sœur, sont venues rappeler les qualités, les vertus d'Amélie et achever ainsi son portrait.

« Cher Monsieur et chère Madame,

« J'apprends à l'instant par une lettre de ma mère la si douloureuse nouvelle du deuil qui vient de vous frapper, et je viens sans tarder non pas vous apporter des consolations qui seraient bien vaines, mais vous dire toute ma sympathie d'ami, toute la part que mon cœur prend à votre épreuve et à vos larmes.

« Je revois d'ici si douce, si résignée, si délicatement bonne la souriante figure, toujours aimable, malgré la souffrance, de celle que nous pleurons tous, et je sens bien que rien d'humain ne peut adoucir, en cette circonstance, l'infini regret de vos âmes! elle tenait une si large place dans votre existence, cette chère affection qui vous est ravie, et elle laisse en vous et autour de vous un si grand vide!

« Heureusement vous ne pleurez point, vous, comme ceux qui n'ont pas d'espérance. Vous savez que le bon Dieu qui nous prend ainsi le meilleur de nous-mêmes, nous le réserve pour plus tard, et que les séparations d'ici-bas ne sont pas éternelles.

« Elle est partie plus tôt, la chère douce morte tant aimée, là où nous irons tous; elle est partie, je le sais, si pieusement et si saintement qu'elle est au ciel bien sûr pour nous y attendre et pour nous y bénir; et il y a bien là pour votre cœur de père et votre tendresse de mère, de quoi consoler un peu.

« Que Dieu, cher Monsieur et chère Madame, adoucisse en sa bonté le coup si rude dont il vient de vous frapper; qu'ayant donné l'épreuve, il donne la résignation et le courage. Je l'en prie de tout mon cœur et je dis demain la Sainte

Messe d'abord pour que vous soyez consolés, puis pour que la chère âme qui est au ciel déjà soit là haut auprès de Dieu le bon ange de ceux qui l'ont aimée.

« Veuillez agréer, cher Monsieur et chère Madame, avec ma vive et douloureuse sympathie, l'expression de ma respectueuse amitié.

« L'ABBÉ JOINIOT,
Supérieur de l'école Saint-Étienne. »

« Madame, écrivait le R. P. Ambroise, de la Pierre-qui-Vire, la triste nouvelle que vous m'apprenez m'a atterré. Ne recevant point de lettre à l'époque ordinaire, je supposais votre fille souffrante, et je me proposais de lui envoyer un mot, et voilà que vous m'annoncez qu'elle est partie pour l'éternité.

« Elle, je ne la plains pas, et sa belle mort dont je garderai longtemps le souvenir, à laquelle j'aurais voulu assister, a été l'écho de sa belle vie. J'ai rarement vu dans mon ministère une jeune fille de cet âge aussi profondément vertueuse, passionnée pour la gloire de Dieu et le salut des âmes. Le bon Dieu, elle l'aimait de toute son âme; elle gémissait toujours de ne pas correspondre suffisamment à ses grâces, de ne pouvoir rien faire pour Lui, et vous savez ce qu'elle aurait entrepris si sa faible santé le lui eût permis. Je ne la plains donc pas, la chère enfant.

« Mais quel vide pour vous! et comme elle le sentait bien elle-même dans sa maladie quand elle vous disait : « Le bon Dieu ne veut pas nous séparer, il sait bien que tu souffrirais trop sans moi. » C'est vous que je plains; recevez toute ma compassion, toutes mes condoléances et l'assurance de mon souvenir quotidien auprès de Notre-Seigneur.

« Dans cette terrible épreuve, allez souvent vous ortifier dans la sainte communion. Puis soyez sûre que votre ange, du haut des cieux, vous assistera, que vous sentirez souvent son influence. Dans le ciel elle est meilleure encore que sur la terre; elle sait tout le besoin qu'a sa mère de son assistance, elle n'y manquera pas.

« Aussi tout en souffrant beaucoup, tout en ayant le cœur brisé, ce qui est bien naturel, prenez courage et confiance.

« Que ne puis-je aller vous voir dans cette pénible épreuve! mais, hélas! mon ministère ne m'appelle pas dans vos environs; j'ai recommandé la chère enfant et ses parents aux prières de la communauté; moi, je la recommande, et vous tous, chaque jour, au saint autel, tout en recommandant déjà mes nombreuses intentions à la chère petite. Je suis sûr qu'elle m'aidera dans bien des cas; elle avait l'âme si apostolique.

« Quelle pensée délicate que la disposition de ses petites ressources! Là encore, c'est une pensée de zèle qui l'a inspirée.

« Recevez, Madame, l'expression de mon religieux dévouement.

« P. Ambroise. »

Avant de terminer, nous demandons pardon à nos lecteurs de citer encore ici deux lettres : l'une de sa maîtresse de pension de Fontainebleau adressée à sa sœur, l'autre de son amie dont il a été question dans le courant du volume. Ces deux lettres nous diront que nous nous sommes trouvé en face d'une prédestinée.

Fontainebleau, 2 février 1892.

« Ma chère Marie,

« La nouvelle de la mort de votre chère petite sœur nous a consternées, et c'est avec une profonde émotion que je viens vous assurer de tous nos sentiments les plus affectueux en cette douloureuse circonstance et pleurer avec vous la chère enfant que nous avons tant aimée !

« Soyez notre interprète auprès de vos bons et désolés parents, et dites-leur la part bien vive que nous prenons au coup qui vous frappe. Il est de ceux que le langage du cœur si sincère, si affectueux qu'il soit ne peut consoler. Je n'essaierai point, le bon Dieu seul donne le courage et la force d'accepter par amour pour Lui, la perte de ceux que nous chérissons, la plus poignante de toutes les amertumes!

« Votre petite Amélie si pieuse et si pure était une de ces fleurs que le bon Dieu ne pouvait pas laisser se flétrir sur la terre. Il l'a cueillie dans toute sa fraîcheur pour la placer dans son beau Paradis! Levez les yeux au ciel, ma bonne Marie, vous la verrez qui n'a fait que vous y précéder, et avec toute la résignation et l'amour dont vous êtes capable pour notre bon Maître, dites : Fiat!

« Nous sommes avec vous par le cœur, et ce matin, j'ai offert ma communion pour votre chère défunte.

« Lorsque cela vous sera possible, je demanderai à votre amitié de m'écrire quelques détails sur la maladie et les derniers jours de votre bien-aimée sœur.

« Votre toute dévouée amie,

« H. Fleury. »

« Chère Madame,

« J'ai été bien atterrée en recevant la nouvelle du grand malheur qui vient de vous frapper. Ne sachant pas qu'elle était plus malade, je me faisais une véritable fête de voir le printemps approcher et de pouvoir enfin mettre à exécution le rêve que nous caressions l'une et l'autre depuis si longtemps de nous revoir.

« Vous connaissiez, chère Madame, la tendre affection qui nous unissait. Vous savez bien que n'ayant plus mon Amélie, je n'ai plus de véritable amie. Son affection me suffisait, elle était assise du reste sur des bases beaucoup trop solides pour que je puisse en douter un instant. Aussi vous croirez bien que mon chagrin est véritable, que c'est pour moi une perte aussi soudaine qu'inattendue. Que ne suis-je à Boissy pour mêler mes larmes aux vôtres et pour essayer de vous consoler un peu ! Je sais bien que devant une telle séparation, les consolations humaines sont vaines. Une seule pensée peut pallier la peine, c'est que votre ange est maintenant auprès de son Bien-Aimé et que de là-haut elle veillera sur nous tous qui la pleurons.

« Mon plus grand chagrin est de n'avoir pu la revoir. Est-ce sa maladie de cœur qui vous l'a ravie? Quelle épreuve pour votre cœur maternel! Croyez bien, chère Madame, que si je n'avais pas gardé la chambre pendant quinze jours par suite de l'influenza, vous m'eussiez certainement vue mardi dernier. Mais ma santé ne m'a pas permis ce déplacement.

« Mes parents me prient de vous présenter ainsi qu'à M. Nitot leurs affectueux compliments et de vous dire combien tous nous partageons votre chagrin.

« Je vous quitte, chère Madame, en vous embrassant bien des fois ainsi que Marie, et en vous souhaitant le courage nécessaire à votre situation présente.

« Votre toute dévouée,

« S. Le Ronne. »

Fontainebleau, 3 février 1892.

Et maintenant, en attendant la résurrection générale, son corps se trouve, à droite, dans le cimetière, dans un caveau de famille. Sur le marbre funéraire on peut lire ces simples mots :

ICI REPOSE

LE CORPS

D'AMÉLIE-LÉONIE NITOT

DÉCÉDÉE A BOISSY-LE-CHATEL, LE 29 JANVIER 1892

A L'AGE DE 25 ANS

Priez pour Elle !

C'est la pieuse demande que fait la famille toujours en deuil à chaque visiteur qui s'arrête devant cette tombe où sont les restes de celle qui fut une vraie fille de Dieu. Mais ceux qui l'ont connue, qui ont été les témoins de ses bonnes œuvres et de ses vertus, au lieu de prier pour elle sont portés bien plutôt à l'invoquer pour eux, à la supplier d'être leur avocate auprès du

Juge suprême qui les appellera un jour à son tribunal.

Puisse la sainte enfant, du haut des cieux où Dieu l'a placée sans doute, bénir sa paroisse de la terre, ses parents qu'elle a tant aimés, sa mère chérie qu'elle aurait voulu ne jamais quitter, ses amis qui ne l'oublieront pas et qui lui donnent rendez-vous dans le ciel ! Là il n'y aura plus ni séparation, ni peine, ni douleur; nous retrouverons sûrement ceux que nous aurons aimés ici-bas.

TABLE DES MATIÈRES

PREMIÈRE PARTIE

CHAPITRE PREMIER

CHAPITRE II

CHAPITRE III

CHAPITRE IV

DEUXIÈME PARTIE

CHAPITRE V

CHAPITRE VI

CHAPITRE VII

TROISIÈME PARTIE

CHAPITRE VIII

CHAPITRE IX

Coulommiers. — Imp. Paul Brodard.

www.ingramcontent.com/pod-product-compliance
Ingram Content Group UK Ltd.
Pitfield, Milton Keynes, MK11 3LW, UK
UKHW020559180726
13838UKWH00001B/349

9 782329 414249